LAUBSÄGEN

Ideen für das ganze Jahr

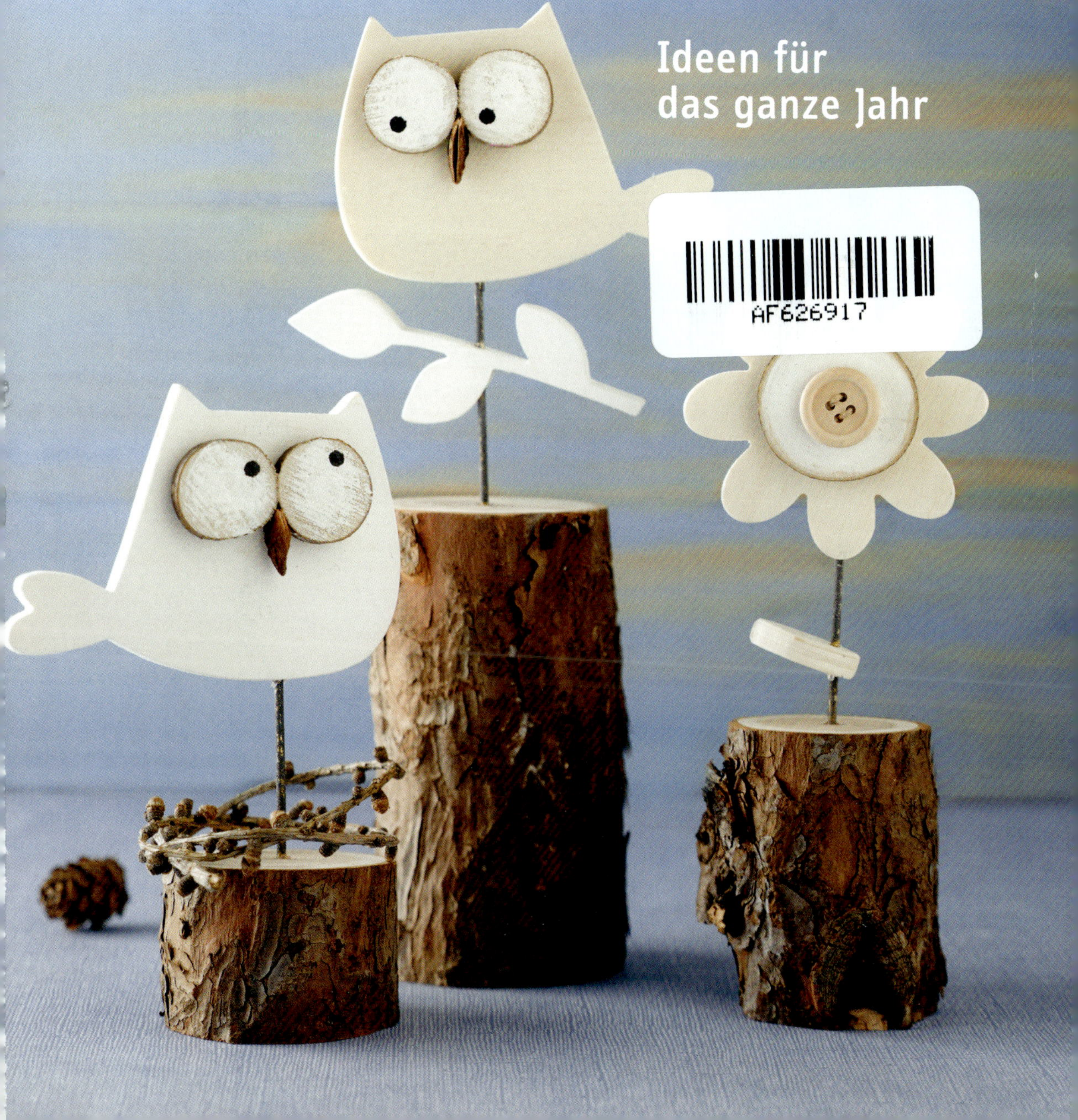

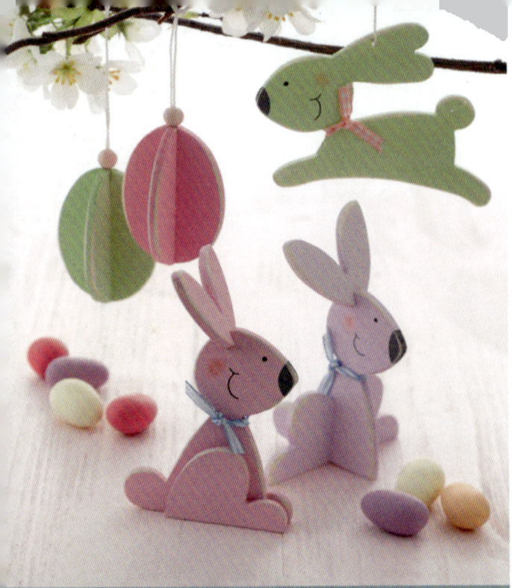

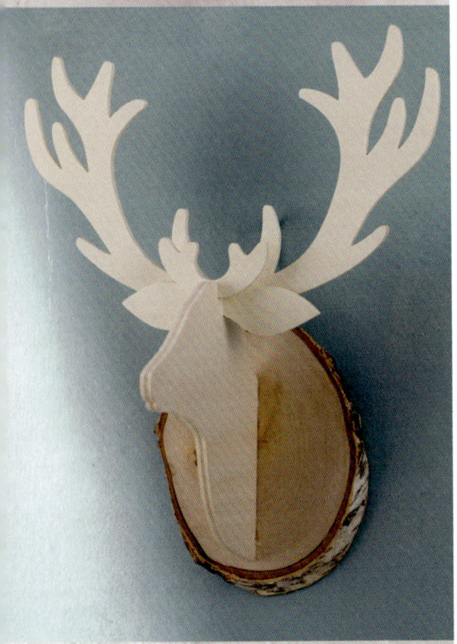

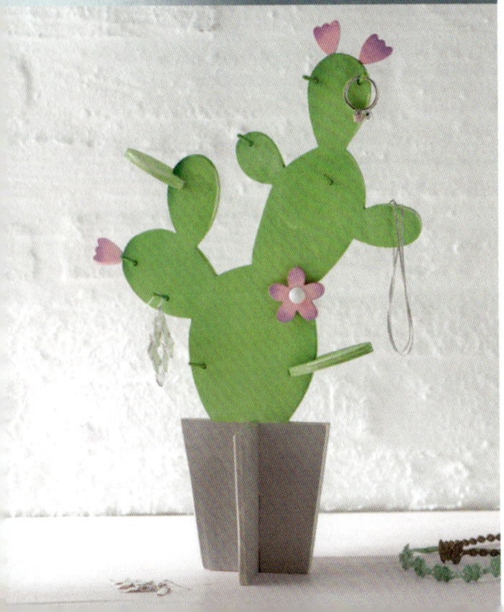

INHALT

04 GRUNDWISSEN

10 MODELLE

50 ANHANG

Zu den markierten Grundanleitungen finden Sie Videos in der Digitalen Bibliothek (siehe Umschlagklappe).

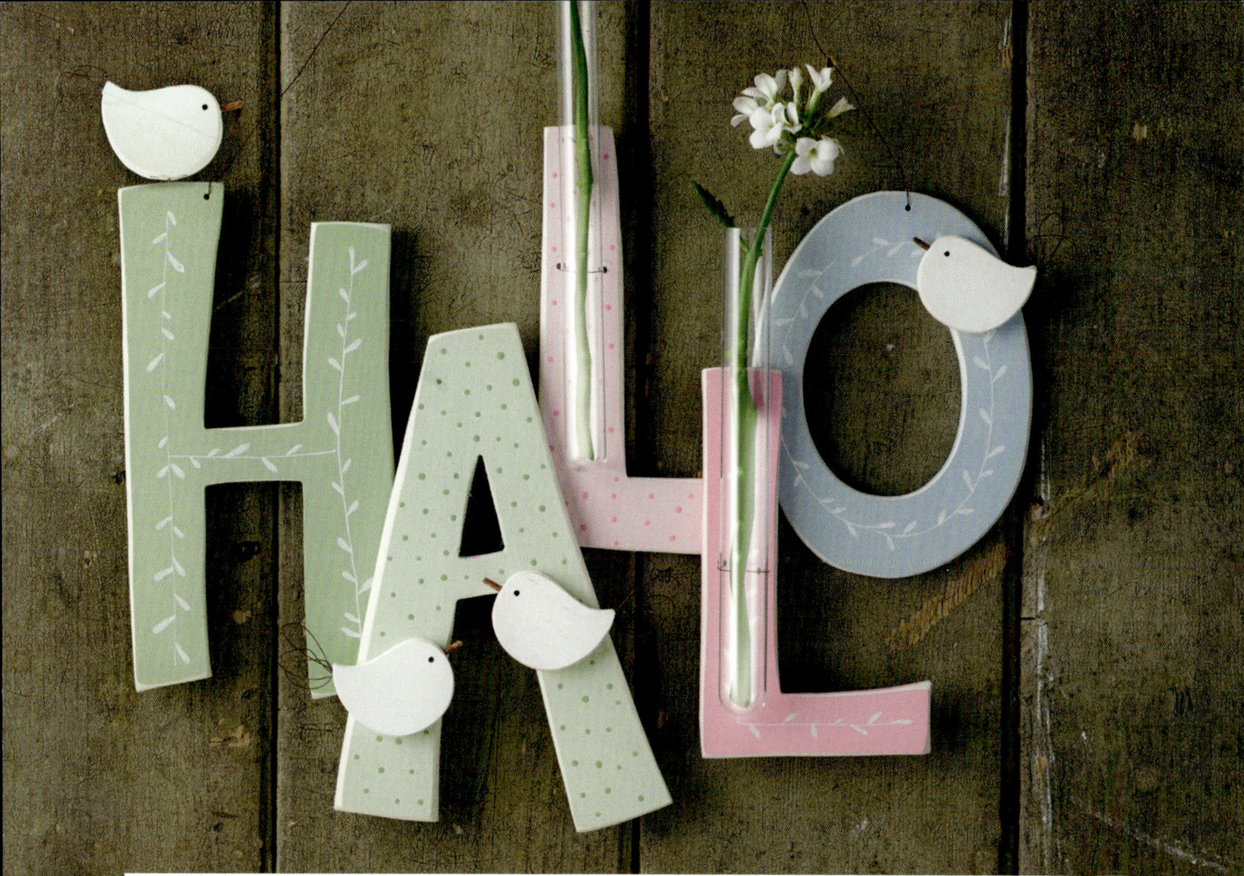

VORWORT

In diesem Buch erwarten Sie wunderschöne Holzideen für drinnen und draußen. Fürs ganze Jahr sind Motive dabei, mit denen Sie Ihr Heim gestalten können und die sich auch als Geschenke wunderbar machen.

Die Motive sind in verschiedenen Stilen gestaltet. Manches ist verspielt und fröhlich-bunt, anderes stilvoll, zeitlos und edel. So passen die Holzdekorationen in die verschiedensten Wohnbereiche und zu verschiedenen Anlässen und Stimmungen.

Auf den folgenden Seiten zeige ich Ihnen ausführlich, wie Sie Sperrholz sägen, bemalen und gestalten können, bevor ich Ihnen anhand von über 30 Projekten die wunderbare Vielfalt dieses Hobbys präsentiere und Sie einlade, selbst kreativ zu werden.

PIA PEDEVILLA

MATERIAL

SÄGE

Motive aus Sperrholzplatten bis 6 mm Stärke lassen sich gut mit einer Handlaubsäge aussägen. Für dickeres Holz eine Dekupiersäge verwenden (elektrische Laubsäge; nicht abgebildet). Für Äste und Holzstäbe eine Universalsäge verwenden.

BOHRER

Handbohrer oder Akkubohrer mit 1–3 mm Durchmesser zum Bohren von Löchern. Wenn Löcher in die Kanten gebohrt werden sollen, das Werkstück in einen Schraubstock oder eine Werkbank einspannen.

SPERRHOLZ

Sperrholz gibt es in verschiedenen Größen und Stärken in Hobbyfachhandlungen, Baumärkten und beim Tischler. Am besten Sperrholz wählen, das keine auffällige Maserung hat.

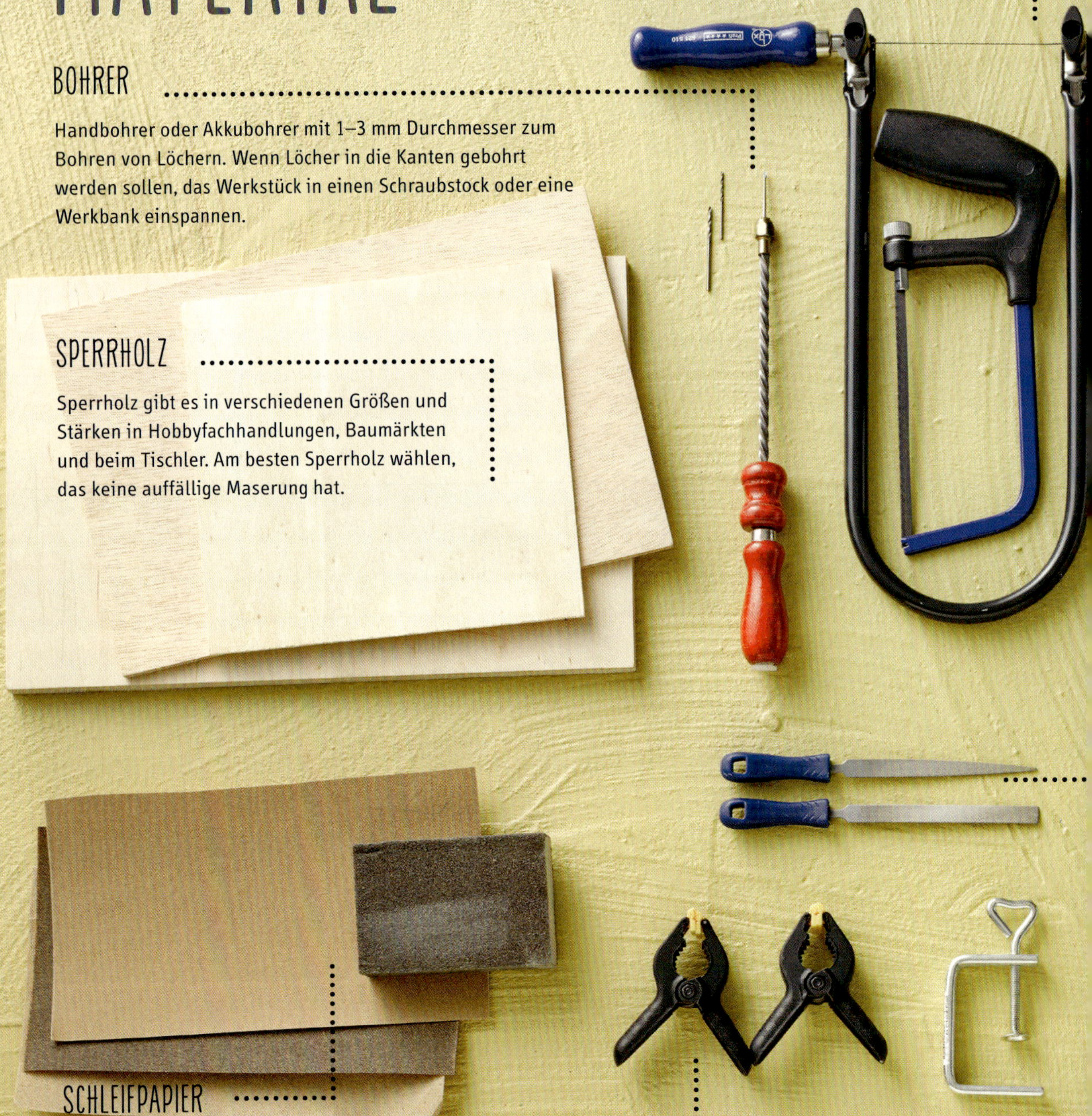

SCHLEIFPAPIER

Schleifpapier ist in verschiedenen Körnungen erhältlich. Je höher die Zahl, desto feiner ist die Körnung. Mit grobem Schleifpapier (60-100er-Körnung) die Kanten nacharbeiten, mit feinem (120-180er-Körnung) Kanten glätten und Oberflächen bearbeiten.

SCHRAUB- UND LEIMZWINGE

Zum Fixieren des Holzes auf der Werkbank und beim Zusammenkleben.

TRANSPARENTPAPIER UND BLEISTIFT

Zum Übertragen der Vorlagen.

BRAUNER BLUMENDRAHT

Zum Zusammenfügen der Motive und für Verzierungen. Den Draht mit einem Seitenschneider zuschneiden.

BUNTSTIFTE

Zum Aufmalen von Mustern. Mit rotem Buntstift und Wattestäbchen werden die Wangen gestaltet.

HOLZFEILE

Mit Feilen können unebene Sägekanten und Ecken abgeschliffen werden. Danach mit Schleifpapier glätten.

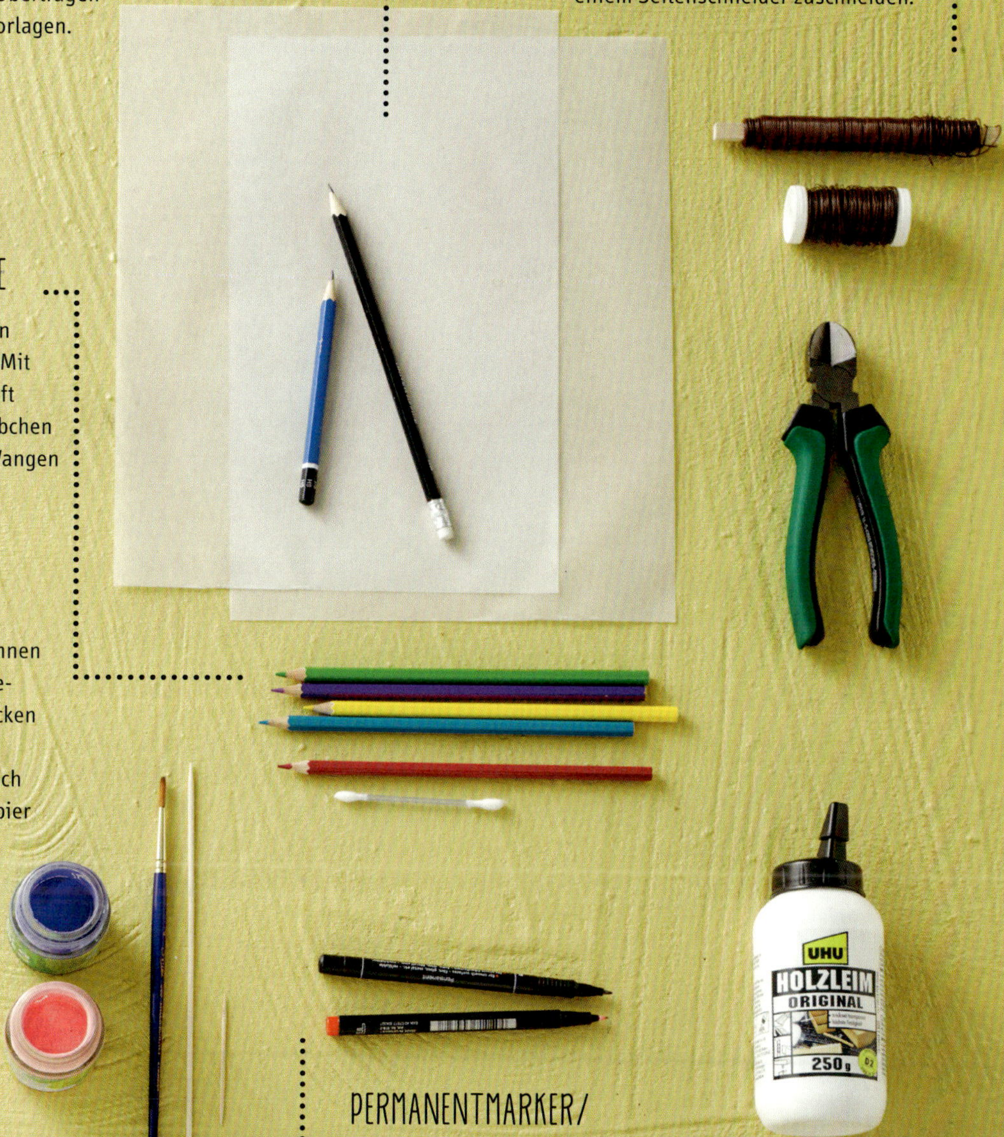

ACRYLFARBE AUF WASSERBASIS

Zum Bemalen des Holzes. Man kann sie deckend auftragen oder mit Wasser verdünnen. Zum Malen breite und dünne Pinsel sowie Schaschlikstab/Zahnstocher bereithalten.

PERMANENTMARKER/ LACKMALSTIFTE

Mit wasserfesten Stiften in Rot und Schwarz werden Augen und Münder aufgemalt.

HOLZLEIM

Zum Zusammenkleben der Motivteile. Holzleim braucht mehrere Stunden zum Trocknen (am besten über Nacht). Eilige verwenden Express-Leim.

ÜBERTRAGEN UND AUSSÄGEN

SIEHE SPICKZETTEL

▶ VIDEO 1

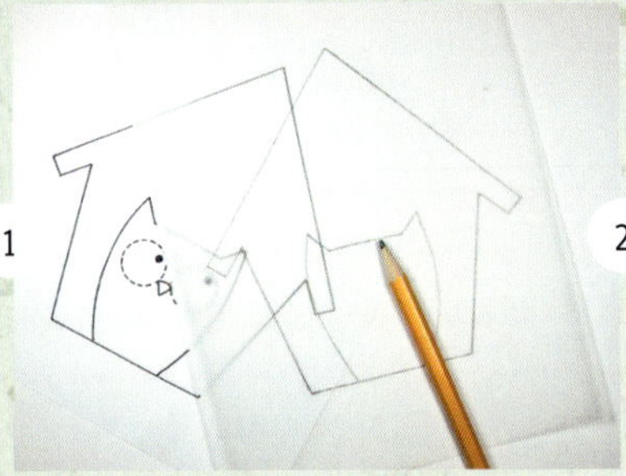

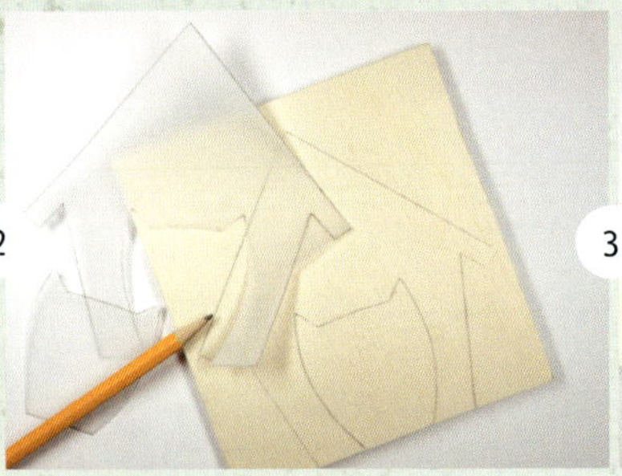

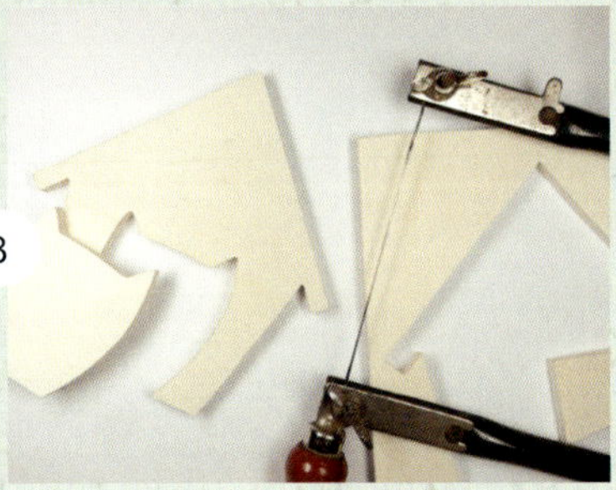

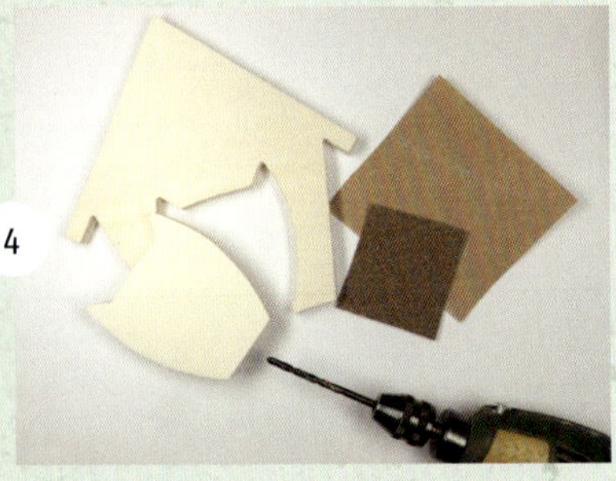

1 Zum Übertragen des Motivs auf das Sperrholz eine Schablone anfertigen. Dafür entweder festes Transparentpapier auf die Vorlage legen, die Umrisslinien mit einem Bleistift nachzeichnen und das Motiv ausschneiden oder die Vorlage kopieren und ausschneiden. Wenn Sie die Schablone mehrmals verwenden möchten, können Sie das Motiv vor dem Ausschneiden auf einen Fotokartonrest kleben, so erhalten Sie eine stabile Schablone.

2 Die Schablone auf das Sperrholz legen und die Umrisse mit einem Bleistift nachfahren. Vorlagen von komplexen Motiven am besten mit etwas Klebefilm fixieren, damit die Vorlage nicht verrutschen kann.

3 Das Motiv mit der Laubsäge oder Dekupiersäge aussägen. Sperrholz bis 6 mm Stärke lässt sich gut mit einer Handlaubsäge aussägen. Das Sperrholz am Tischrand mit einer Schraubzwinge befestigen (oder ein Sägetischchen verwenden, das an die Tischplatte geschraubt wird). Die Laubsäge gerade halten und mit sanftem Druck langsam sägen. Das Sägeblatt sollte gut gespannt sein. Die Sägezahnspitzen zeigen nach unten (zum Griff). An Ecken langsam auf der Stelle sägen und das Sperrholz gleichzeitig langsam drehen. Beim Zurückziehen des Sägeblattes durch den Schnitt muss das Sägeblatt senkrecht gehalten und hoch und runter bewegt werden, damit es nicht verklemmt. Bei Innenschnitten ein Loch außerhalb des Motivs bohren; groß genug, dass das Sägeblatt durchpasst. Das Sägeblatt oben ausspannen, durch das Loch fädeln, dann wieder einspannen und den Ausschnitt heraussägen.

4 Mit einer Holzfeile grobe Unebenheiten glätten. Dann zuerst mit grobem, danach mit feinem Schleifpapier die Kanten glätten. Bei nicht zu filigranen Motiven kann auch ein Schleifschwamm verwendet werden. Um in feine Zwischenräume zu gelangen, das Schleifpapier falten oder um ein Hilfsmittel, z. B. einen Stift oder eine Nagelfeile wickeln. Falls benötigt, nun auch Löcher bohren.

▶ Hilfreiche Grundlagen auch als Online-Video (siehe Umschlagklappe)!

MOTIVE BEMALEN

VIDEO 2

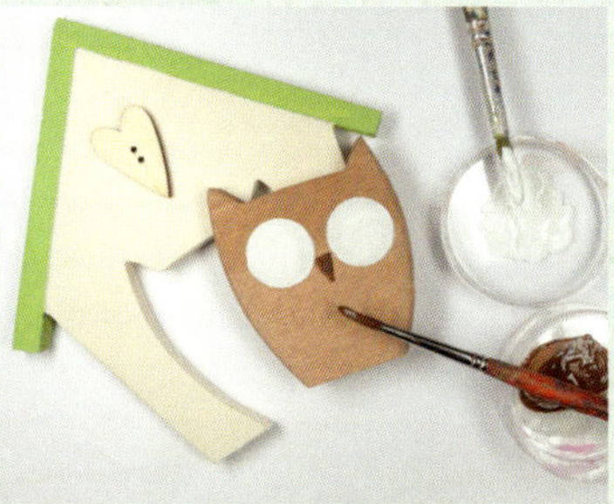

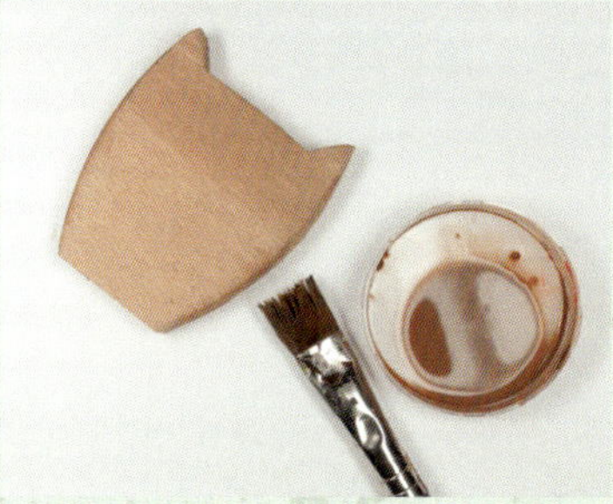

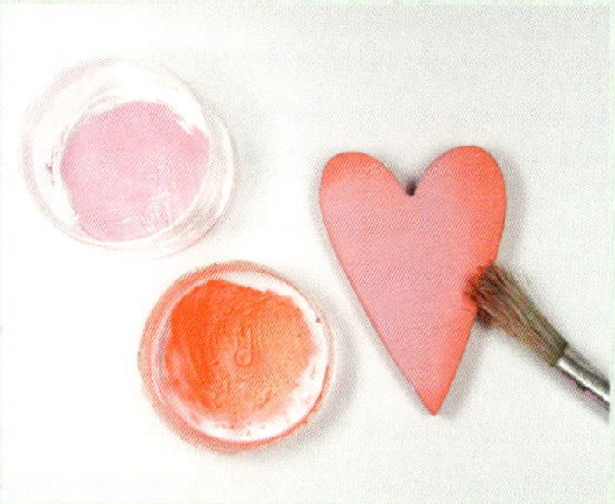

DECKEND BEMALEN

Die Farbe direkt aus dem Glas oder der Tube verwenden. Sollte sie zu dickflüssig sein, kann sie in einem Teller mit etwas Wasser verdünnt werden. Das Motiv gleichmäßig bemalen. Deckende Bemalung kann auch mit lasierender Bemalung kombiniert werden, z. B. um Akzente zu setzen.

LASIEREND BEMALEN

Die gewünschte Farbe in einem Teller mit Wasser verdünnen. Je mehr Wasser man dazu gibt, desto durchsichtiger wird der Farbauftrag und desto mehr scheint der Holzuntergrund durch. Die Farbe mit einem Pinsel auf das Motiv auftragen. Zügig in Faserrichtung malen, damit es keine Flecken gibt. Bei großen Motiven die Farbe mit einem breiten Pinsel auftragen. Die Farbschicht gut trocknen lassen, bevor die nächste Farbe aufgetragen wird, damit die Farben nicht ineinander verlaufen.

SCHATTIERUNGEN

Zuerst die ganze Fläche mit einer Farbe bemalen, nach Wunsch lasierend oder deckend. In die noch nasse Farbe einen dunkleren Farbton setzen, z. B. an die Motivkanten. Die Farbe dann mit einem Pinsel verziehen, bis eine Schattierung entsteht.

HINWEIS

Schattierungen kann man auch mit Buntstiften auf trockenen Untergründen machen. Dazu einen Buntstift wählen, der dunkler als die bemalte Fläche ist und die Fläche vom Rand aus mit wenig Druck auf den Stift bemalen.

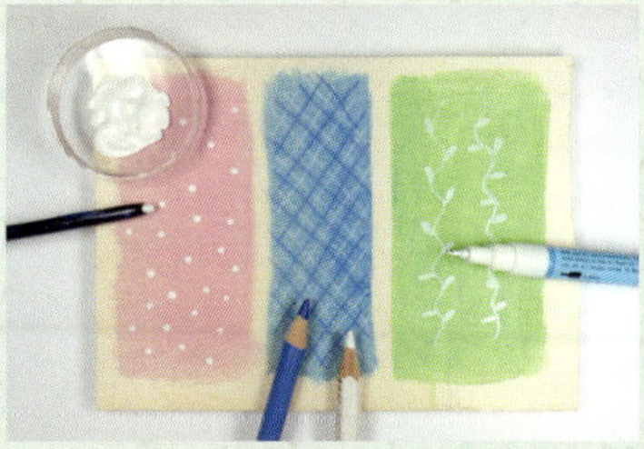

MUSTER AUFMALEN

Auf die Bemalung können Muster mit einem (weißen) Lackmalstift, mit Buntstiften oder mit Farbe aufgemalt werden. Motive, die mit Buntstiften gestaltet werden, sollten anschließend mit einem matten Sprühlack fixiert werden. Farbtupfer mit einem Pinselstiel oder einem Schaschlikstab aufsetzen. Den Stab vor jedem Abdruck mit Farbe benetzen, damit die Punkte gleichmäßig werden.

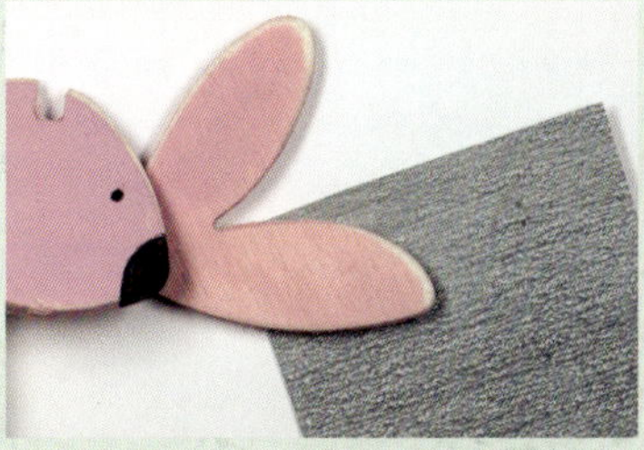

KANTEN ABSCHLEIFEN

Bei vielen der Modelle in diesem Buch wurde nach dem Bemalen (vor dem Zusammenkleben) mit Schleifpapier die Farbe wieder stellenweise von den Kanten geschliffen. Dadurch scheint das Holz durch und die Motive erhalten ein rustikales Aussehen.

GESICHTER GESTALTEN

SIEHE SPICKZETTEL

▶ VIDEO 3

INNENLINIEN ÜBERTRAGEN

Die Gesichter werden teilweise mit einem zarten Hautton bemalt (wie bei den Engeln auf Seite 35), in anderen Fällen naturfarben belassen (wie der Igel auf Seite 24). Zum Übertragen der Gesichtslinien die Innenlinien und die Gesichtskontur mit einem weichen Bleistift auf Transparentpapier abpausen. Dank der Außenlinien lässt sich die Vorlage genau auf dem Motiv positionieren. Dann das Transparentpapier wenden und die Innenlinien auf der Rückseite mit einem weichen Bleistift nachzeichnen. Nun das Transparentpapier wieder wenden und auf dem Motiv platzieren. Die Linien mit einem harten, spitzen Bleistift nachzeichnen, dabei werden die Innenlinien auf das Holz übertragen.

GESICHTER BEMALEN

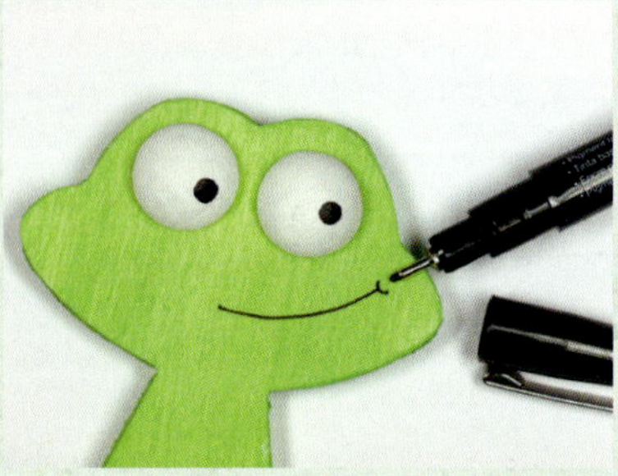

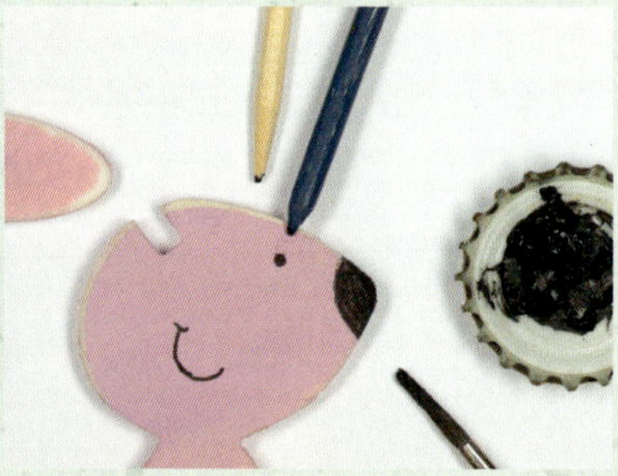

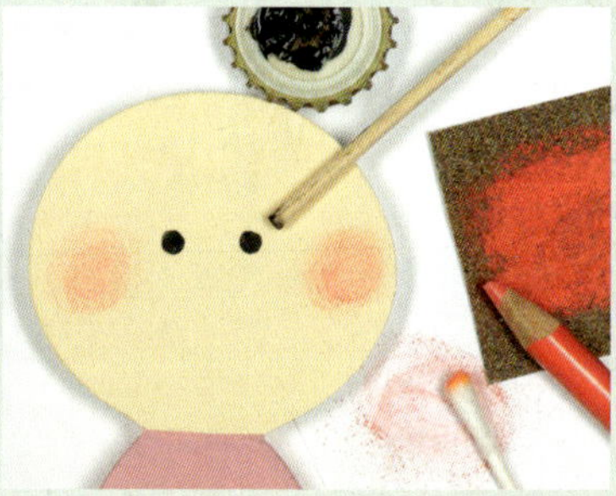

Die Augen können auf bemalte Flächen mit einem dünnen, schwarzen, wasserfesten Stift aufgemalt werden. Achten Sie darauf, dass die Farbe darunter gut getrocknet ist. Wahlweise können auch Punkte mit Farbe und dem stumpfen Ende eines Schaschlikstabs aufgesetzt werden. Die Farbe sollte eine sahnige Konsistenz haben. Das Stabende vor jedem Abdruck erneut in Farbe tauchen, damit die Punkte gleichmäßig werden. Mit einem weißen Lackmalstift oder weißer Farbe und einem Zahnstocher werden die weißen Punkte (Lichtpunkte) in den Augen gesetzt. Die Wangen mit rotem Buntstiftabrieb färben. Dazu mit einem Bleistiftspitzer oder Schmirgelpapier etwas Farbe von der Stiftspitze schaben und mit dem Zeigefinger oder einem Wattestäbchen auf dem Gesicht verreiben. Den Mund mit einem wasserfesten roten oder schwarzen Faserstift oder Buntstift malen.

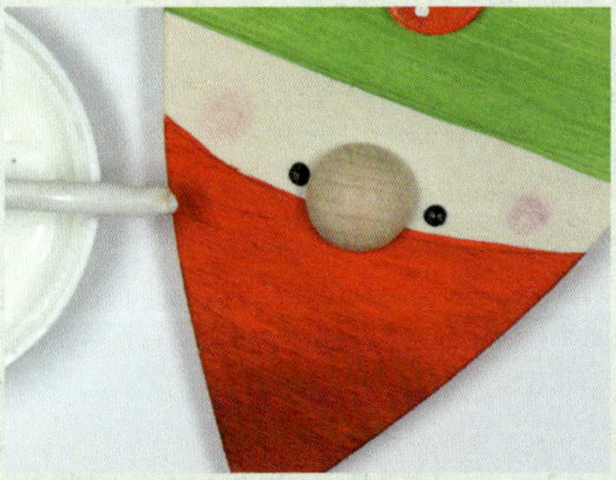

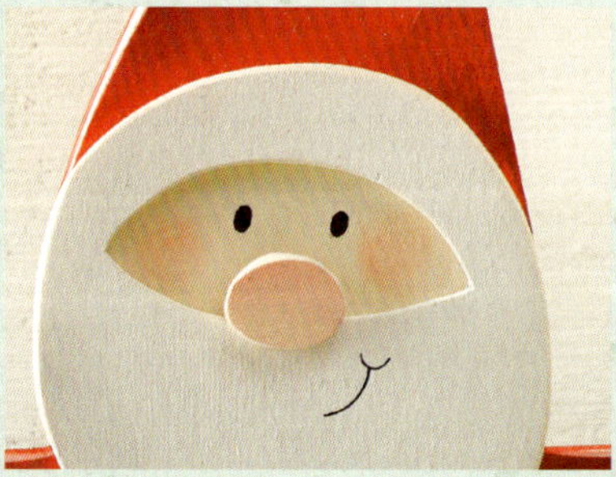

NASEN GESTALTEN

Die Nasen der im Buch gezeigten Motive sind meistens aufgeklebt, z. B. ausgesägte Formen oder Holzhalbperlen. Gut trocknen lassen. Manche Nasen sind auch naturbelassen und erhalten nur eine rote Schattierung mit Buntstiftabrieb, wie der Weihnachtsmann auf Seite 45. Die Nasen können auch mit Acrylfarbe aufgemalt werden, wie beim Hasen (siehe Foto oben).

MOTIVE ZUSAMMENFÜGEN

▶ VIDEO 4

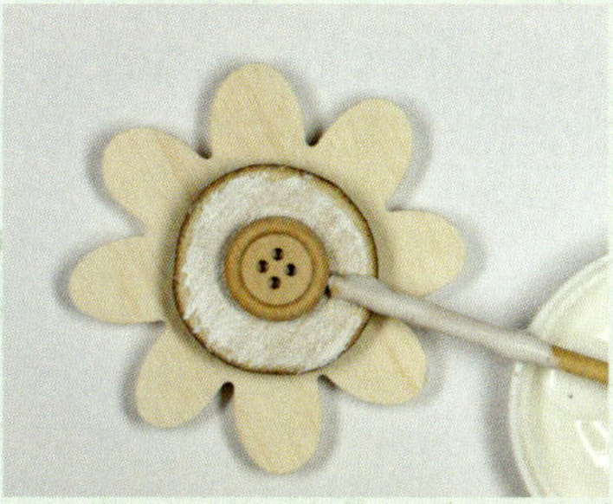

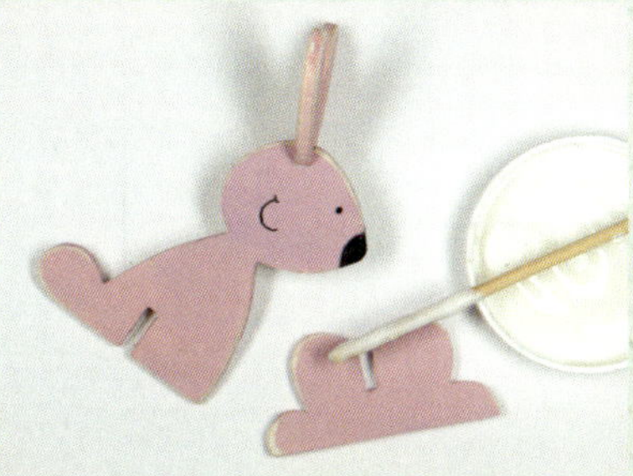

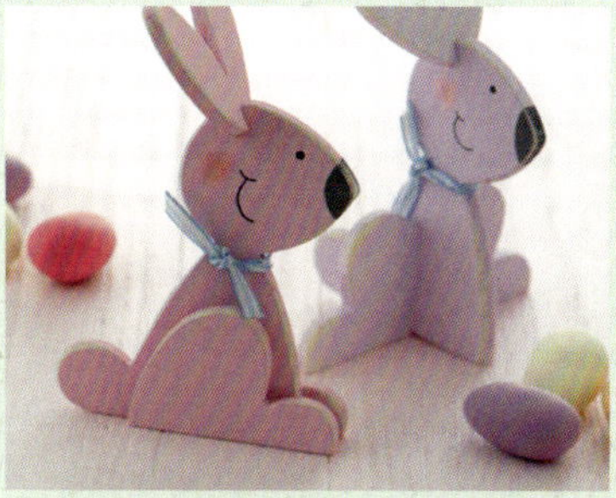

Die Figuren mit Holzleim zusammenkleben; am besten über Nacht trocknen lassen. Eilige verwenden Express-Leim. Für Figuren, die im Freien stehen, wasserfesten Holzleim nehmen. Den Leim mit einem Pinsel oder Schaschlikstab auftragen. Dann die Teile zusammendrücken und eventuell mit einer Leimzwinge zusammenhalten. Herausquellenden Leim sofort mit einem feuchten Tuch abwischen.

Steckfiguren, wie die Eier und Hasen auf Seite 16/17, können schon vor dem Bemalen zusammengesteckt werden, dann passen sie optimal zusammen. Durch das Bemalen kann sich das Holz etwas ausdehnen und die Schlitze können zu schmal werden. Abhilfe lässt sich aber schnell schaffen, wenn Sie die Schlitze mit etwas Schleifpapier nacharbeiten und weiten.

▶ Hilfreiche Grundlagen auch als Online-Video (siehe Umschlagklappe)!

VERZIERUNGEN ANBRINGEN

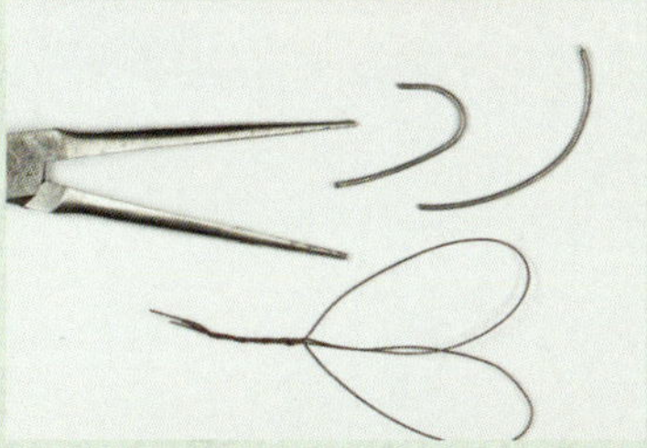

Die Verzierungen können mit Holzleim aufgeklebt werden. Er hält Holzteile gut zusammen, braucht jedoch länger zum Trocknen. Kleinere Formen und Details, wie Bänder, Haare, Nasen usw., können auch mit Heißkleber und UHU hart aufgeklebt werden.

Die Figuren sind oft mit Draht dekoriert. Dünner Blumendraht lässt sich mit einer alten Schere zuschneiden und mit den Händen formen, z. B. für Engelsflügel (Seite 35) und Vogelschwanz (Seite 21). Dickerer Draht wird mit einem Seitenschneider zugeschnitten und mit einer Bastelzange gebogen, z. B. für das Schlüssel-Häuschen (Seite 13).

MODELLE

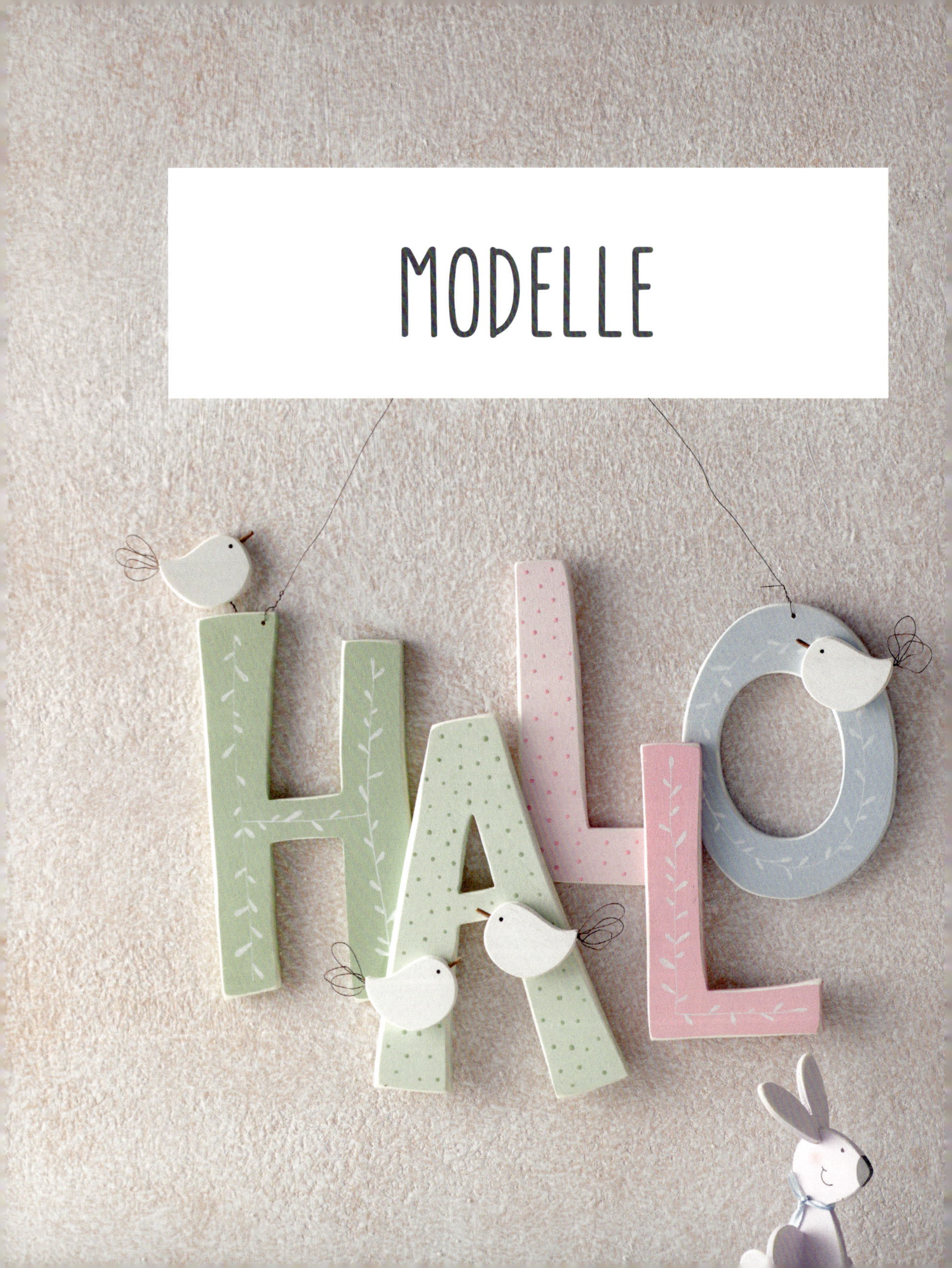

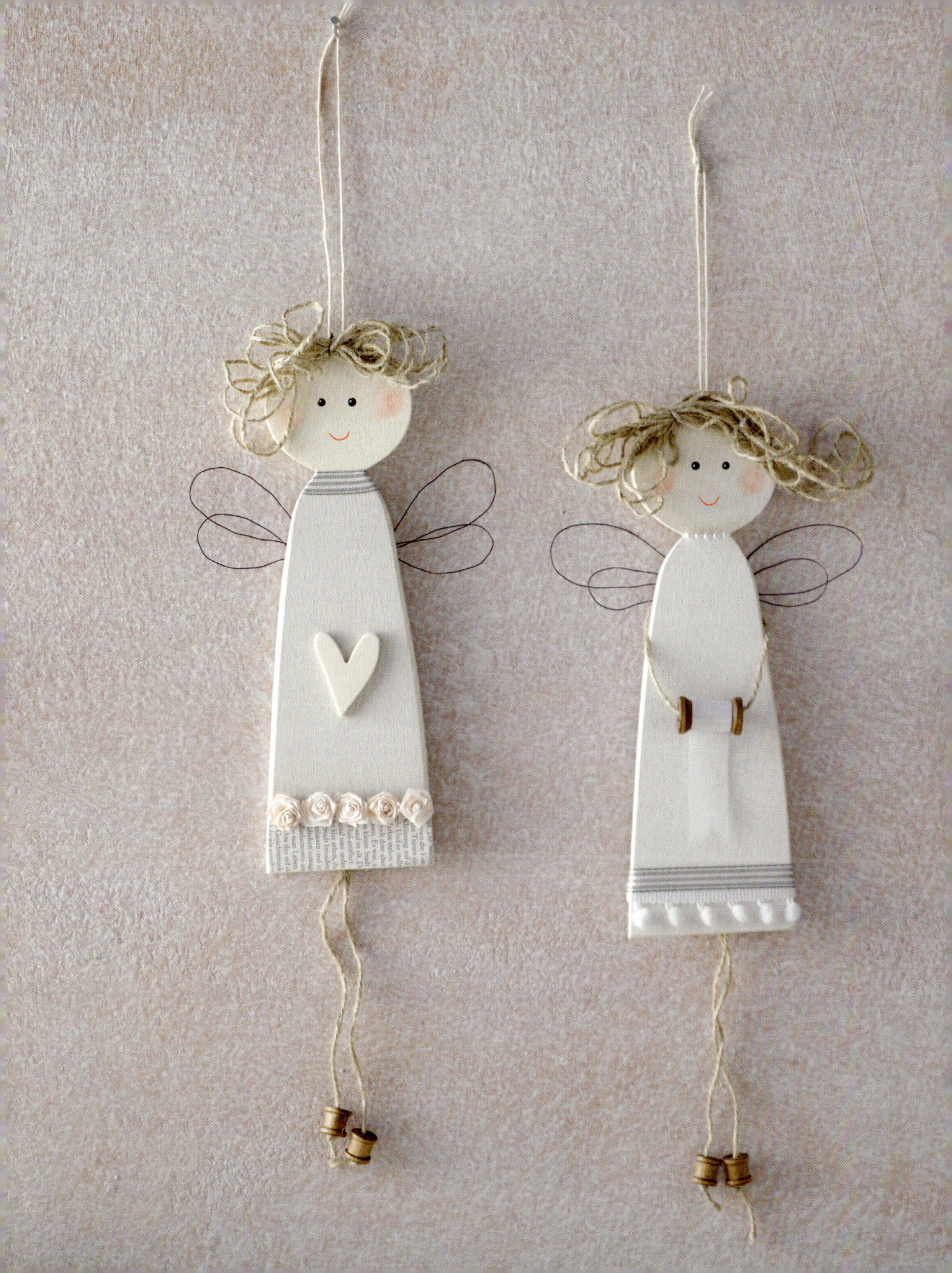

SCHLÜSSEL-HÄUSCHEN

für jeden (s)eines

MOTIVHÖHE

ca. 14 cm

MATERIAL

- Sperrholz, 8 mm stark, 13 cm x 15 cm (pro Motiv)
- Acrylfarbe in Weiß, Hellgrün, Braun und Grau (Eule), Weiß, Hellblau, Blau und Gelb (Vogel) oder Grau, Hellrosa und Rosa (Herz)
- Lederriemenrest, ø 1,5 mm, ca. 15 cm lang
- kleine Ringschrauböse und Schlüsselring
- Holzknopf: Herz, 2,3 cm hoch und Blume, ø 1,5 cm
- Faden in Weiß
- Lackmalstift in Schwarz, Weiß und Gold
- Drahtrest, ø 1 mm
- Bohrer, ø 2 mm

VORLAGEN

Seite 50/51

1 Das gewünschte Motiv wie in der Grundanleitung auf Seite 6 beschrieben aussägen. Den Vogel, das Herz bzw. die Eule sowie den inneren Sägerand des Häuschens an den Kanten gut schleifen, damit sich die Motive leicht entnehmen und wieder einsetzen lassen. Zwischendurch immer wieder den Fortschritt testen. Die Löcher (ø 2 mm) bohren, nach Belieben von oben wie beim Vogel oder seitlich wie beim Herzen.

2 Die Häuser mit deckender Farbe lasierend bemalen und nach dem Trocknen die Dächer sowie – beim Häuschen mit Vogel – die Blume mit unverdünnter Farbe aufsetzen (siehe Seite 7). Den Schriftzug beim Haus mit Herz mit einem Lackmalstift aufschreiben.

3 Die Eule zuerst mit verdünnter brauner Farbe bemalen und unten leicht mit Grau schattieren. Nach dem Trocknen die Augen mit unverdünnter weißer Farbe aufsetzen. Wieder trocknen lassen, dann den Schnabel mit Farbe, die Pupillen mit einem schwarzen Stift und die Federn mit weißem Buntstift aufsetzen.

4 Den Vogel mit verdünnter weißer Farbe grundieren und trocknen lassen. Dann mit einem dünnen Pinsel und Farbe Flügel und Schnabel aufmalen. Das Auge mit einem wasserfesten Stift aufsetzen.

5 In den Eulenkörper die Ringöse schrauben (ggf. vorbohren). Bei den beiden anderen Motiven die Lederriemen einfädeln und verknoten. Die Drahtstücke für die Aufhängung mit einer Bastelzange zurechtbiegen und mit einem starken Klebstoff oder Zweikomponentenkleber an die Rückseite der Häuschen kleben.

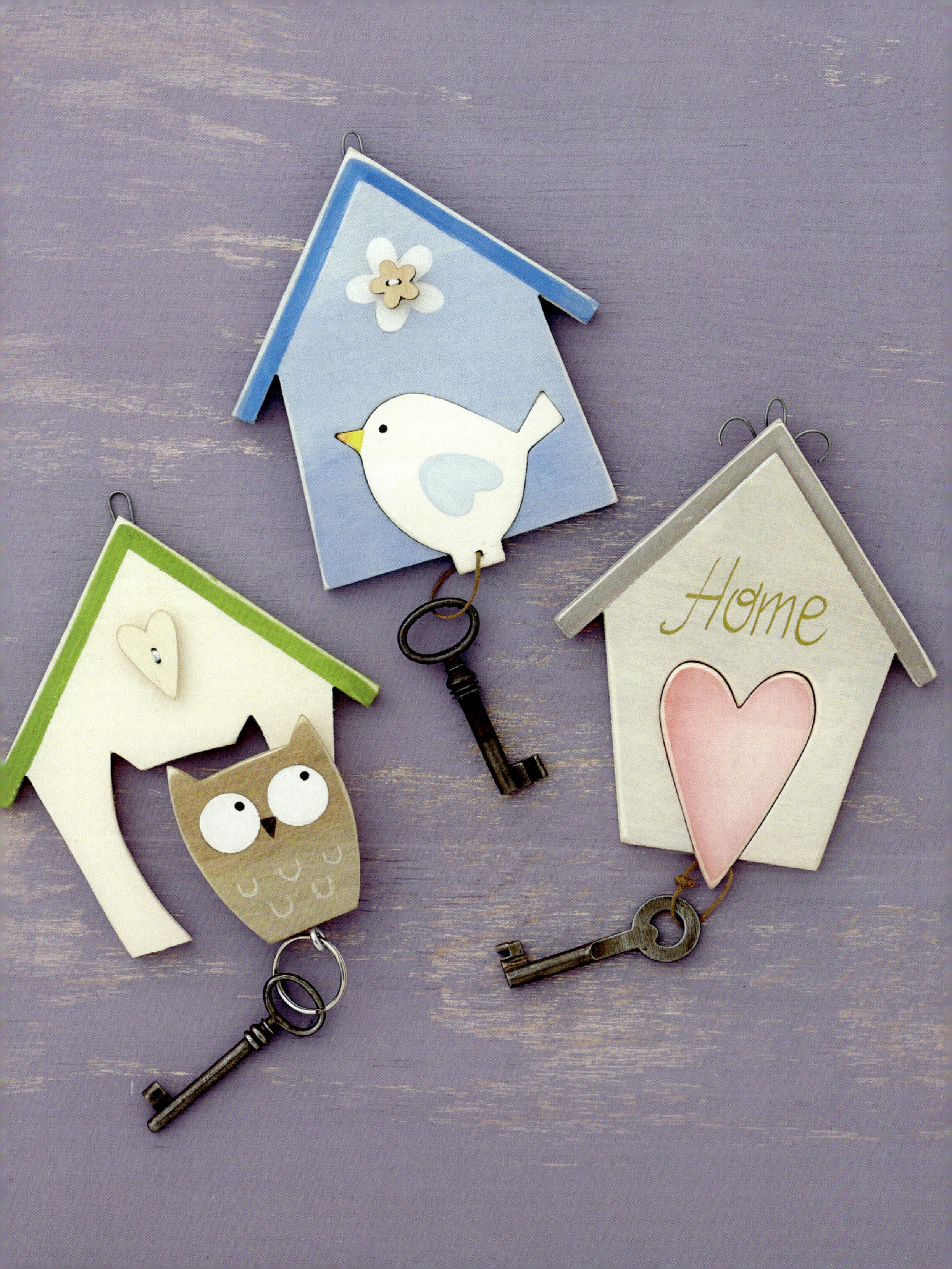
Home

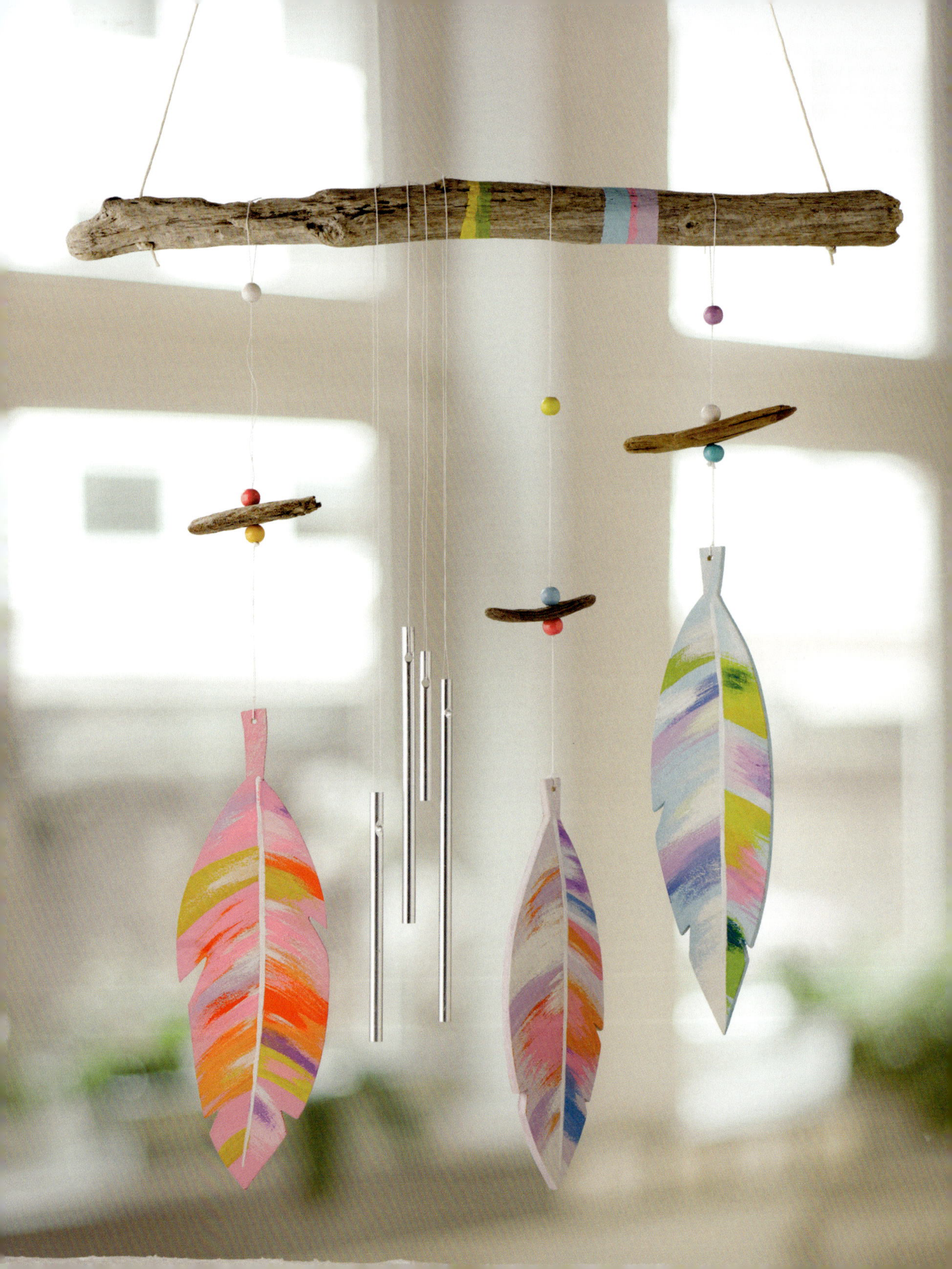

WINDSPIEL MIT FEDERN

farbenfrohes Klangspiel

MOTIVHÖHE

Federn ca. 14 cm

MATERIAL

- Sperrholz, 6 mm stark, 20 cm x 20 cm
- Acrylfarbe in Gelb, Orange, Rosa, Rot, Hellblau, Hellgrün, Grün, Violett, Blau und Weiß
- Klangstäbe, ø 6 mm, 6–14 cm lang
- Holzperlen in verschiedenen Farben, ø 8 mm
- Treibholzstücke, ca. 5–6 cm und 35 lang
- fester Faden in Weiß
- Klebefolie, 20 cm x 20 cm
- Bohrer, ø 1 mm

VORLAGEN

Seite 52/53

1 Die Federn wie in der Grundanleitung auf Seite 6 beschrieben aussägen und die Kanten mit Schleifpapier glätten. Die Löcher mit einem 1 mm großen Bohrer in Federn, Treibholzstücke und Ast bohren.

2 Die Klebefolie auf die Vorlage legen und die Mittellinie abzeichnen. Entlang dieser Linie die Folie in zwei Hälften schneiden.

3 Eine Folienhälfte auf die ausgesägte Feder kleben und die Folie gut andrücken. Von der Folie ausgehend bunte, unregelmäßige Pinselstriche auf das Holz setzen (Abb. 1). Gut trocknen lassen, dann die andere Seite ebenso bemalen (Abb. 2). Nach dem Trocknen der Farbe mit einem dünnen Pinsel einen weißen Strich in die Mitte malen.

4 Einen dünnen Faden durch jede Feder ziehen, verknoten und nach ein paar Zentimetern wieder einen Knoten machen. Die Holzperlen und Treibholzstücke auffädeln und den Faden an den Ast binden. Dazwischen die Klangstäbe anknoten.

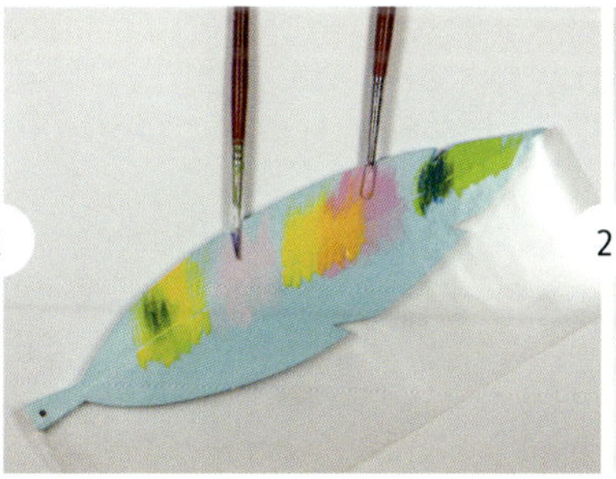

1

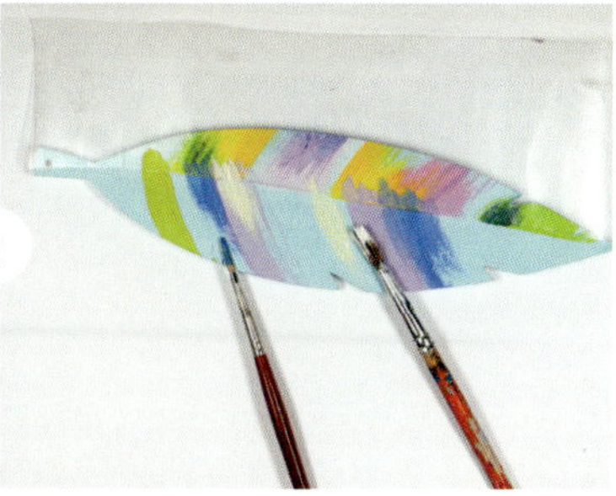

2

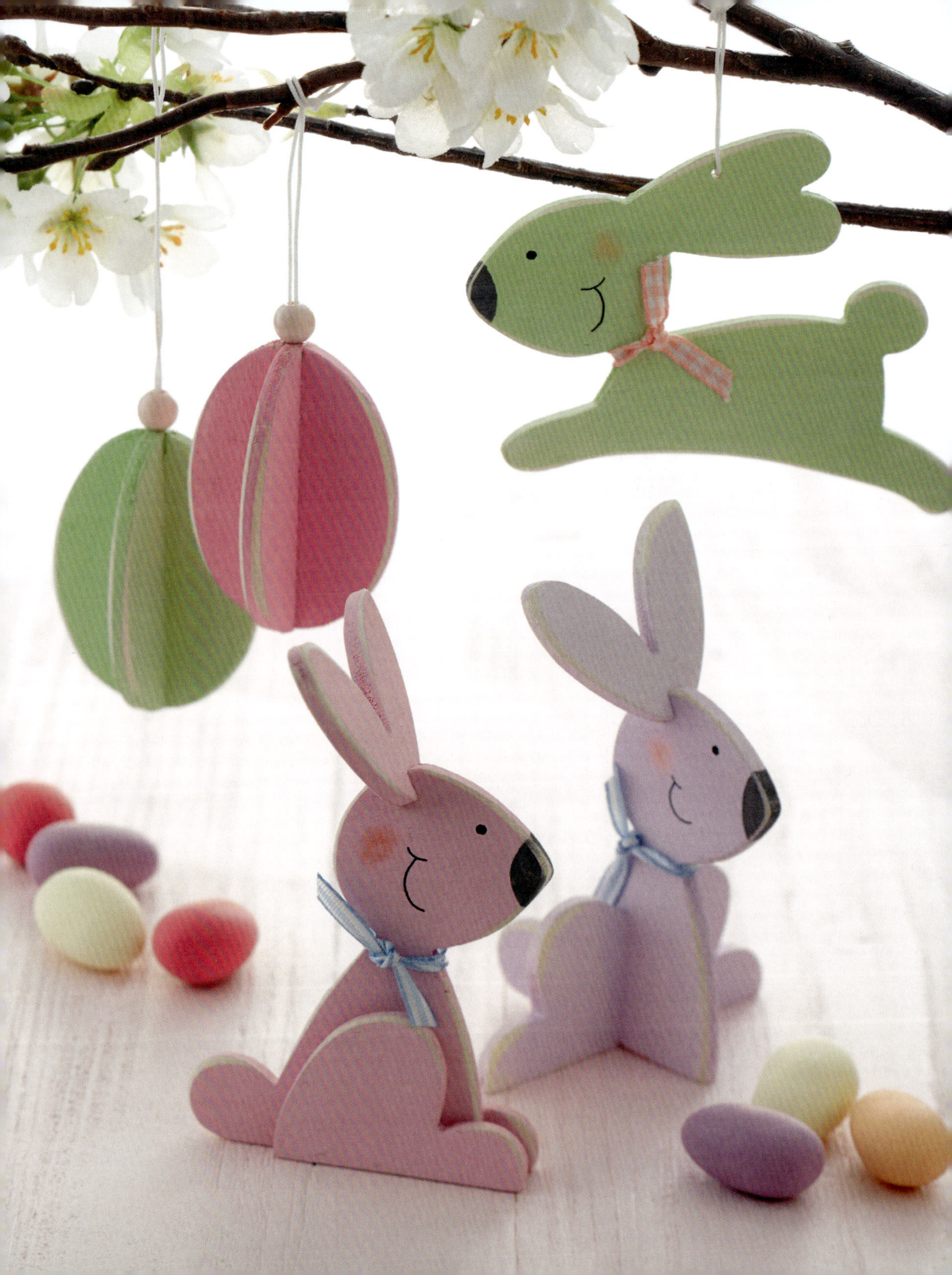

OSTERDEKORATION

Steh- und Hängefiguren

MOTIVHÖHE

Eier ca. 6 cm

Hasen ca. 10 cm

MATERIAL

- Sperrholz, 4 mm stark, ca. 20 cm x 30 cm
- Acrylfarbe in Rosa, Hellrosa, Grün, Hellgrün, Lila und Schwarz
- 2 Holzperlen in Hellrosa, ø 8 mm
- Karo- oder Streifenband in Weiß-Türkis und Weiß-Rosa, ø 6 mm breit, 10 cm lang (pro Hase)
- Bohrer, ø 1 mm
- Faden in Weiß

VORLAGEN

Seite 52

1 Die Motivteile wie in der Grundanleitung auf Seite 6 beschrieben aussägen und die Kanten mit Schleifpapier nacharbeiten. Bei Innenschnitten etwas mehr schleifen, damit sich Hase bzw. Eier leicht zusammenstecken lassen (Abb. 1).

2 Zum lasierenden Bemalen der Eier rosa Farbe in einem Teller mit Wasser verdünnen (siehe Seite 7). Die Farbe mit einem Flachpinsel auftragen und gut trocknen lassen. Mit Schleifpapier die Farbe von den Rändern entfernen, bis das Holz wieder sichtbar wird. Dann die beiden Teile zusammenstecken (nach Wunsch vorher etwas Klebstoff auf die Innenschnitte geben). Sie können die Teile auch erst zusammenkleben und dann bemalen.

3 In die Oberkante jedes Eies ein kleines Loch bohren und die Enden eines doppelt gelegten Fadens einkleben. Auf den Aufhängefaden noch eine Holzperle fädeln. Der Faden lässt sich mithilfe einer dünnen Häkelnadel leicht durch das Perlenloch ziehen.

4 Die Hasenteile (Abb. 2 und 3) werden auch lasierend bemalt. Gut trocknen lassen. Dann die Gesichtslinien mit einem wasserfesten, schwarzen Stift aufmalen (siehe Seite 7). Die Nase mit schwarzer Farbe ausmalen. Wieder trocknen lassen, dann die Farbe an den Kanten mit Schleifpapier leicht abschmirgeln.

5 Die Teile des lila Hasen zusammenstecken (evtl. Leim auf die Innenschnitte auftragen), bzw. die Beine des rosa Hasen von beiden Seiten ankleben. In den grünen, flachen Hasen ein Loch für den Aufhängefaden bohren.

6 Abschließend jedem Hasen ein Band um den Hals binden.

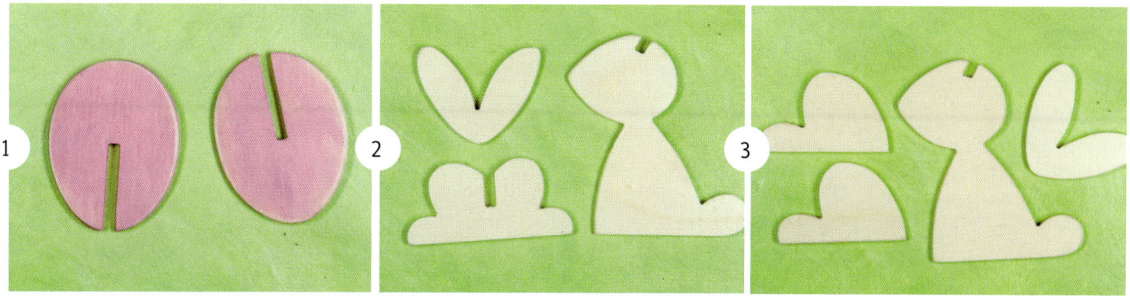

1 2 3

MOBILE MIT FRÖSCHEN

für Bad und Kinderzimmer

MOTIVHÖHE

Frosch ca. 14 cm

Seerose ca. 6 cm

MATERIAL

- Sperrholz, 6 mm stark, 20 cm x 20 cm
- Acrylfarbe in Weiß, Rosa, Pink, Violett und Hellgrün
- Ast, mindestens 30 cm lang
- fester Faden in Weiß
- Papierdrahtkordel in Grün, ø 2 mm
- 6 Holzhalbkugeln, ø 1,5 cm
- Holzperle in Grün, ø 8 mm
- Lackmalstift in Schwarz
- Bohrer, ø 1 mm und 2 mm

VORLAGEN

Seite 54

1 Die Motivteile wie in der Grundanleitung auf Seite 6 beschrieben aussägen und die Kanten mit Schleifpapier nacharbeiten.

2 In die Oberkante jedes Frosches sowie in die Spitze des mittleren Seerosenblattes ein Loch zum Einkleben des Aufhängefadens bohren (ø 1 mm). In die Seitenkanten der Froschkörper und die Oberkante der Beine 2 mm große Löcher bohren (Abb. 1).

3 Die Motivteile der Frösche mit hellgrüner Farbe lasierend bemalen (siehe Seite 7). Die Seerosenteile mit Weiß und Rosatönen schattieren. Die Halbkugeln mit weißer Farbe bemalen.

4 Die Papierdrahtkordel-Stücke zuschneiden und die Enden mit Holzleim in die Löcher kleben. Die Halbkugeln als Augen aufkleben (Abb. 2).

5 Die Pupillen und Münder mit einem schwarzen Stift aufmalen. Die Wangen mit dem Pinselstiel und rosa Farbe auftupfen.

6 In die kleinen Löcher an der Oberkante jeweils die Enden eines doppelt gelegten Fadens einkleben. Auf den Aufhängefaden der Seerose noch eine Holzperle fädeln, ca. 4–5 cm oberhalb des Motivs. Damit die Perle an der gewünschten Position bleibt, den Faden um die Perle legen und noch einmal durchziehen oder die Perle mit etwas Klebstoff am Faden festkleben. Der Faden lässt sich mithilfe einer dünnen Häkelnadel leichter durch das Perlenloch ziehen.

7 Die Motivteile an einen Ast hängen. Schön sieht z. B. Korkenzieherhaselnuss aus.

1

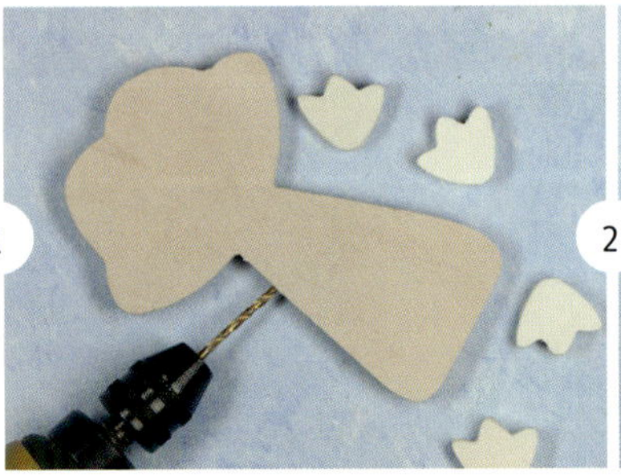

2

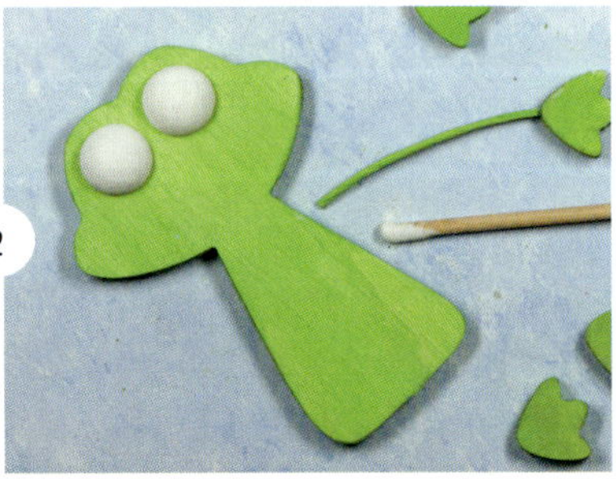

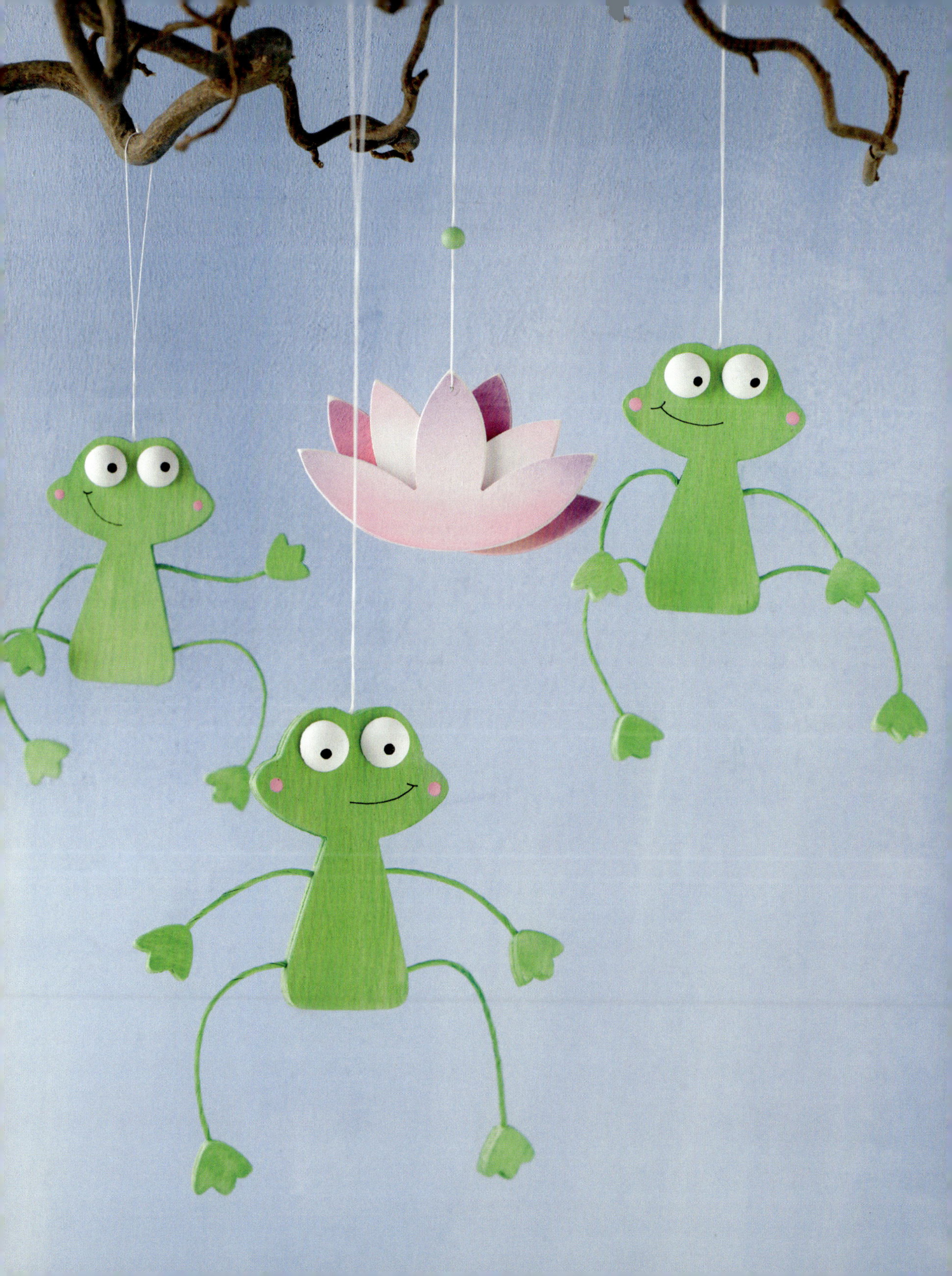

WILLKOMMENSSCHILD

mit Blumengruß

MOTIVHÖHE

ca. 24 cm (ohne Reagenzgläser)

MATERIAL

- Sperrholz, 6 mm stark, ca. 40 cm x 30 cm
- Acrylfarbe in Weiß, Hellrosa, Rosa, Hellblau, Hellgrün, Mittelgrün und Braun
- Schaschlikstab, ø 2 mm
- 2 Reagenzgläser, ø 1,5 cm, ca. 15 cm lang
- dünner Blumendraht in Braun
- dünner Lackmalstift in Weiß
- Bohrer, ø 1 mm und 2 mm

VORLAGEN

Seite 55

1 Die Motivteile wie in der Grundanleitung auf Seite 6 beschrieben aussägen und die Kanten mit Schleifpapier glätten.

2 Die Löcher bohren: Für die Löcher in der Oberkante des H und in den Kanten der Vögel einen 2 mm großen Bohrer verwenden. Alle Vögel erhalten vorne Löcher zum Einkleben der Schnäbel. Der Vogel auf dem H erhält noch ein Loch in der Unterkante zum Aufstecken auf den Buchstaben. Für die Drahtaufhängung und das Anbringen der Reagenzgläser genügen 1 mm große Löcher.

3 Die Vögelchen mit weißer Farbe bemalen, gut trocknen lassen und dann die Augen mit einem schwarzen Lackmalstift aufmalen.

4 Für die Schnäbel den Schaschlikstab braun bemalen und nach dem Trocknen kurze Stücke mit dem Seitenschneider abschneiden. Diese in die Löcher kleben und auf die Vorderseite des Schnabels (Schnittkante) noch etwas braune Farbe geben. Ein Vögelchen erhält noch Schwanzfedern. Diese aus dünnem Draht biegen und mit Heißkleber oder UHU hart an die Rückseite des Körpers kleben.

5 Die Buchstaben mit den verschiedenen Pastelltönen bemalen. Nach dem Trocknen die Verzierungen auf dem H, einem L und dem O mit einem dünnen, weißen Lackmalstift aufmalen. Die Punkte auf den anderen Buchstaben mit einem Pinselstiel und Farbe auftupfen (Abb. 1).

6 Die Buchstaben wie abgebildet mit Holzleim zusammenkleben. Sperrholzreste unter den oben liegenden Buchstaben positionieren, dann verrutschen sie nicht während des Trocknens.

7 Die Vögelchen auf die Buchstaben kleben, die Reagenzgläser mit Draht an den Buchstaben fixieren. Ein Vögelchen mithilfe eines doppelten Drahtstücks (Draht verdrehen) und Klebstoff auf dem H befestigen (Abb. 2).

1

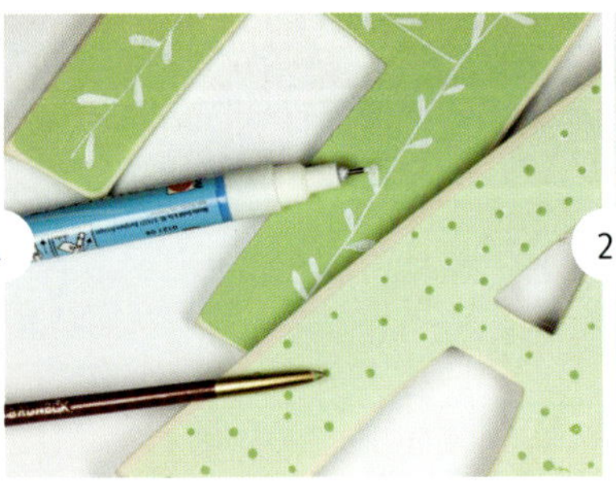

2

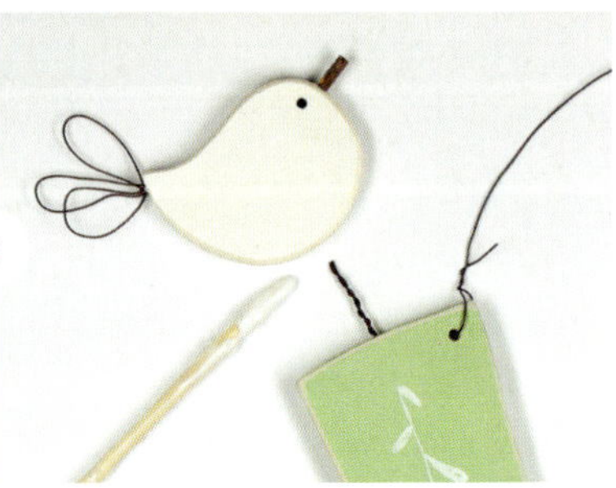

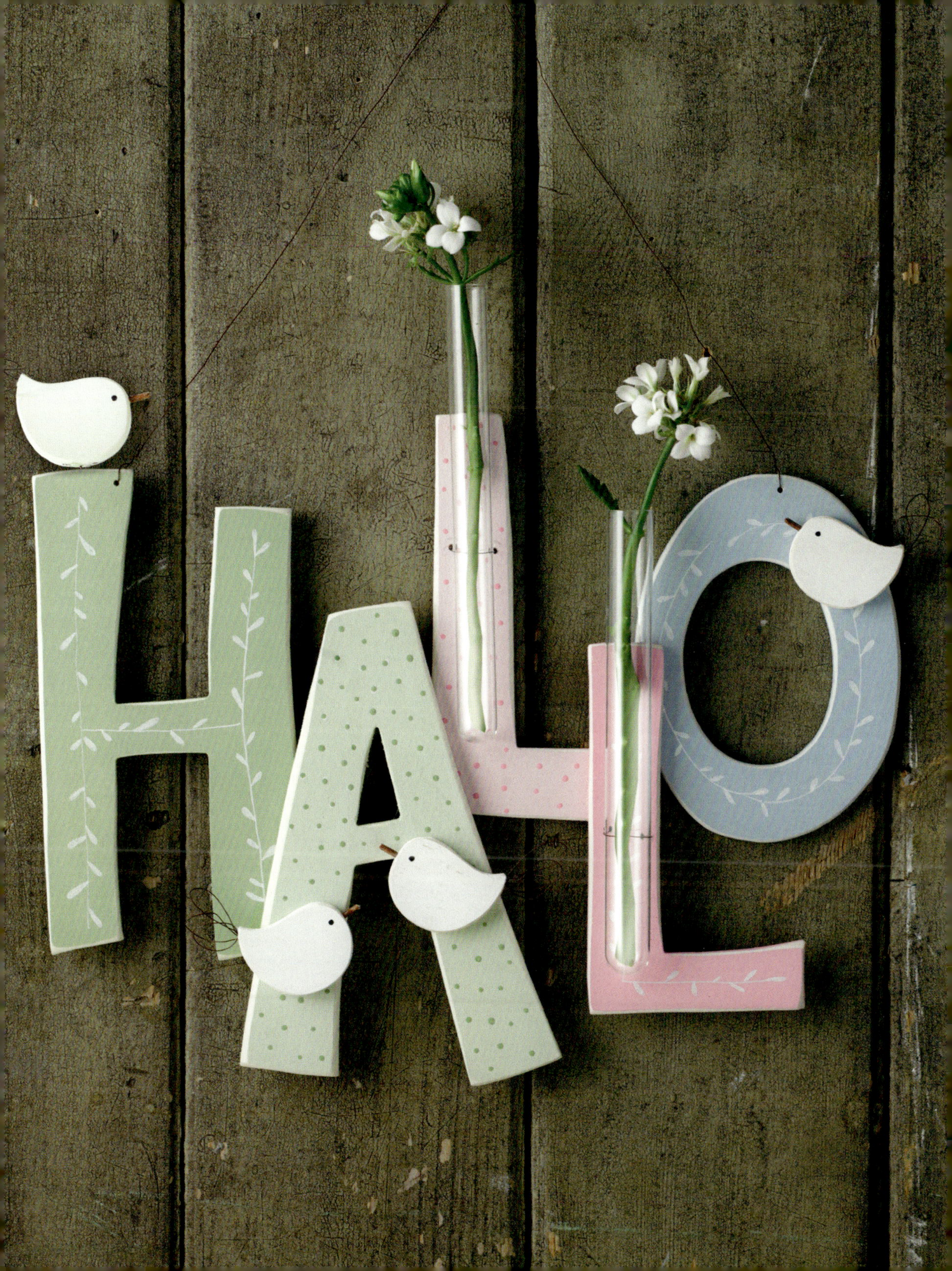
HALLO

BADEZIMMER-ACCESSOIRES

Schmuckhalter und Haken

MOTIVHÖHE

Wal ca. 16 cm

Haken ca. 4–6 cm

MATERIAL

- Sperrholz, 1 cm stark, ca. 30 cm x 20 cm
- Sperrholzrest, 3 mm stark
- Acrylfarbe in Hellblau, Hellgrün, Gelb, Orange, Türkis, Weiß und Violett
- Buntstifte in Blau, Schwarz, Orangerot, Grün und Rosa
- Weinkorken
- 5 Schrauben, mindestens 5 cm lang
- Bohrer im Schraubendurchmesser und Schraubenkopfdurchmesser
- UHU patafix ProPower (extrastarke Klebepads)

VORLAGEN

Seite 56

1 Die Motivteile wie in der Grundanleitung auf Seite 6 beschrieben aussägen und die Kanten mit Schleifpapier glätten. Der Walkörper ist aus 1 cm starkem Sperrholz und lässt sich einfacher mit einer Dekupiersäge aussägen. Die anderen Teile sind aus dünnem Sperrholz und können mit einer Handlaubsäge ausgesägt werden.

2 Den Walkörper sowie die Flossen mit verdünnter blauer Farbe lasierend bemalen (siehe Seite 7). Die Fontäne weiß bemalen. Gut trocknen lassen. Dann das Walgesicht mit einem schwarzen Lackmalstift aufmalen. Den Lichtpunkt mit weißer Farbe und einem Zahnstocher setzen.

3 Die Fontäne und die seitlichen Flossen an den Körper kleben. An Fontäne und Schwanzflossen können Schmuckstücke gehängt werden.

4 Die kleinen Motive jeweils im helleren Farbton bemalen und mit dem dunkleren Farbton wie abgebildet schattieren (siehe Seite 7). Gut trocknen lassen. Dann mit Buntstiften die Muster aufmalen (Abb. 1). Die Augen und den Mund der Qualle mit einem wasserfesten, schwarzen Stift aufsetzen.

5 Nun die Korken mit Schrauben versehen. Einfach ein Loch im Schraubendurchmesser durch den Korken bohren und dieses auf der Oberseite etwa 1 cm tief mit einem Bohrer im Schraubenkopfdurchmesser anbohren. So lässt sich der Schraubenkopf versenken (Abb. 2).

6 Die Korken an die Wand schrauben und die Motive mit UHU patafix ProPower aufsetzen. Damit halten sie fest, lassen sich bei Bedarf (z. B. Abschrauben der Haken) aber auch wieder lösen. An den Haken können Schmuckstücke und mehr gehängt werden.

1
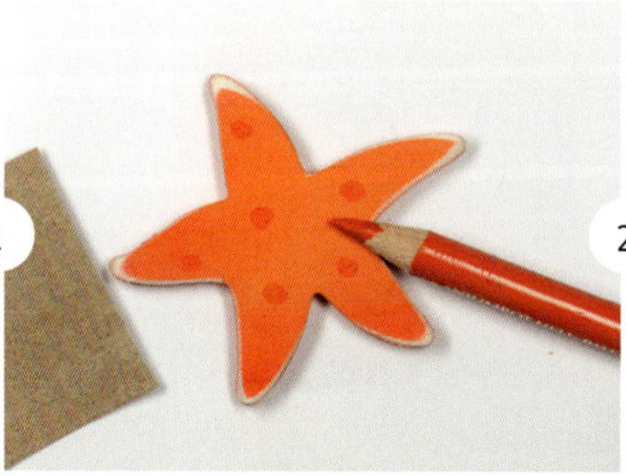

2
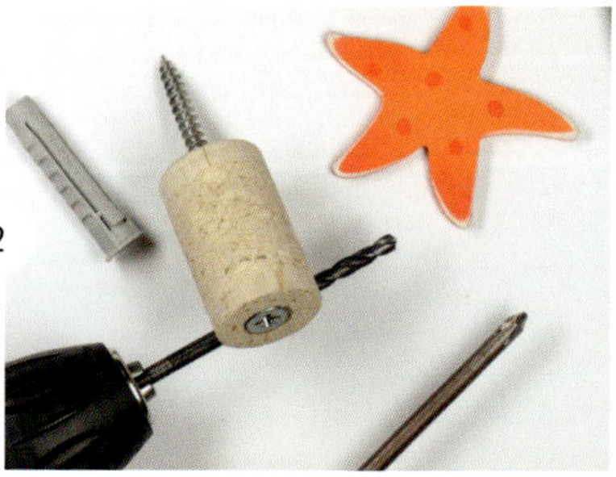

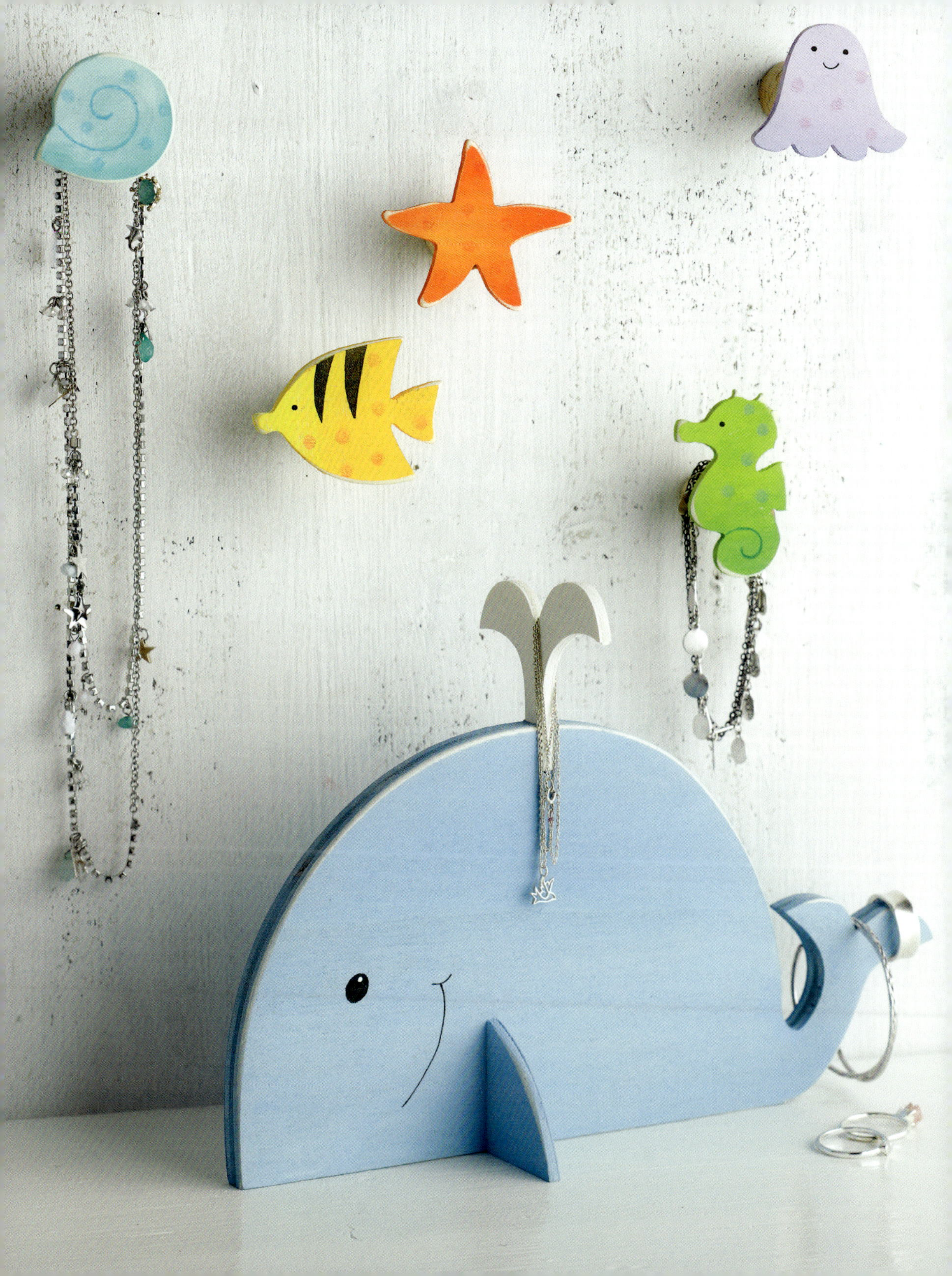

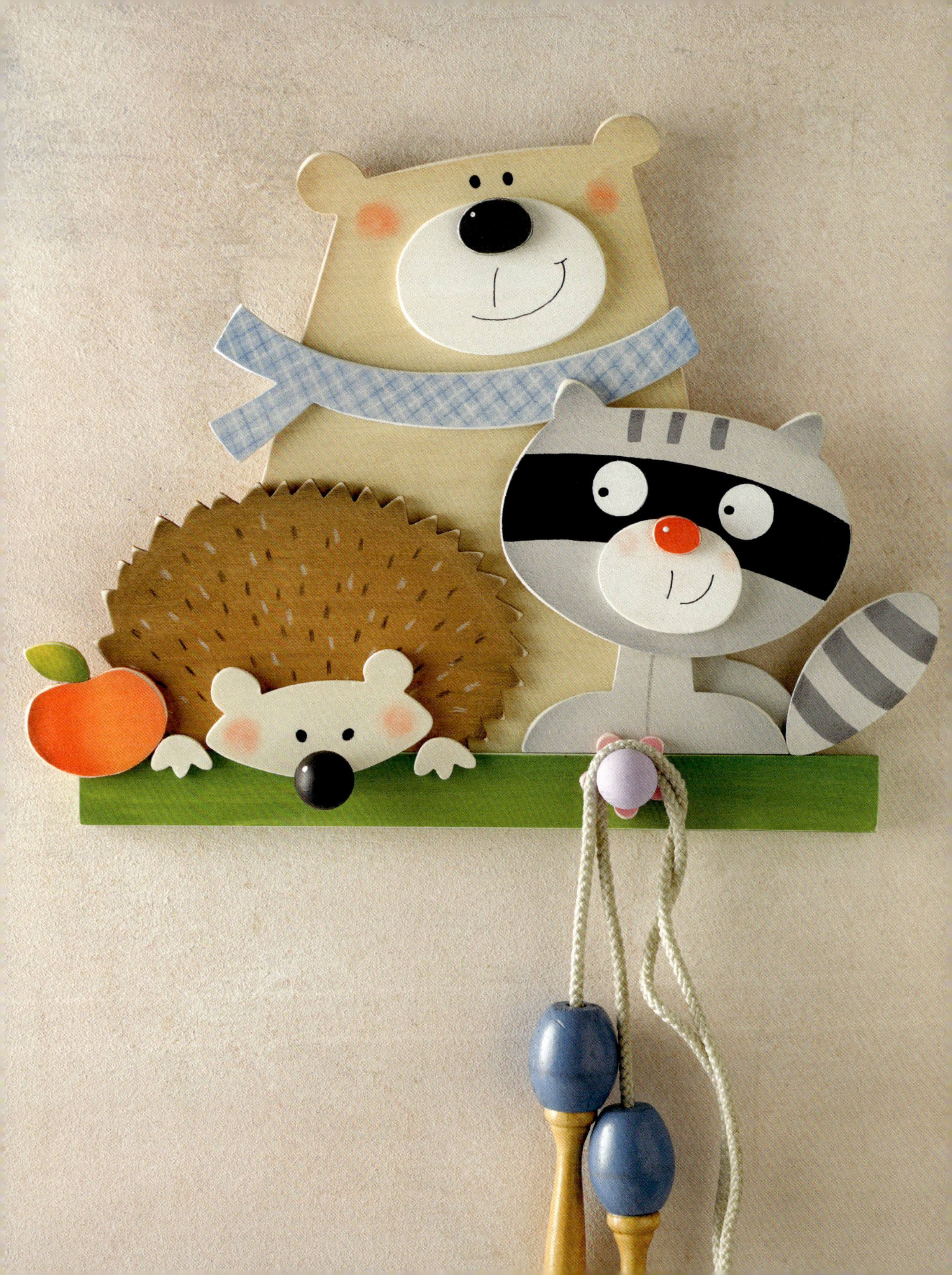

KUNTERBUNTE GARDEROBE

für Mädchen und Jungs

●●●

MOTIVHÖHE

ca. 29 cm

MATERIAL

- Sperrholz, 1 cm stark, ca. 35 cm x 35 cm
- Sperrholz, 6 mm stark, ca. 20 cm x 30 cm
- Sperrholzrest, 3 mm stark (Nasen und Blume)
- Acrylfarbe in Weiß, Rot, Dunkelrot, Hellgrün, Grün, Rosa, Violett, Hellgrau, Grau, Schwarz, Hellblau, Hellbraun und Braun
- 2 Holzknauf-Kugeln, ø 2,5 cm
- fester Bindfaden (Paketschnur)
- 2 dünne Holzscheiben, ø 2,5 cm

VORLAGEN

Seite 58

1 Die Motivteile wie in der Grundanleitung auf Seite 6 beschrieben aussägen und die Kanten mit Schleifpapier glätten. Der Bärenkörper und die Rasenfläche sind aus 1 cm starkem Sperrholz und lassen sich einfacher mit einer Dekupiersäge aussägen. Die anderen Teile aus dünnem Sperrholz können mit einer Handlaubsäge ausgesägt werden.

2 Den Bären mit verdünnter hellbrauner Farbe lasierend bemalen und rundherum mit einem dunkleren Braunton schattieren (siehe Seite 7). Bitte beachten, dass ein Teil der Form den Körper des Waschbären bildet (unten rechts).

Den Igelkörper braun bemalen und am Rand mit verdünntem Schwarz schattieren. Sein Kopf und seine Füße bleiben naturfarben.

Den Waschbärenkopf hellgrau bemalen, am Rand mit Schwarz schattieren und nach dem Trocknen den schwarzen Balken aufmalen. Wieder trocknen lassen, dann die Augen mit deckender Farbe aufmalen.

Die restlichen Motivteile wie abgebildet mit lasierender Farbe bemalen; die Holzknäufe mit deckender Farbe. Alles gut trocknen lassen.

3 Anschließend die Motivteile mit Buntstiften weiter bemalen: Damit die Stacheln auf den Igel, das Karomuster auf den Schal des Bären (Abb. 1) sowie die Streifen auf Kopf und Schwanz des Waschbären malen. Die Streifen können am Rand noch mit einem dunkleren Stift schattiert werden (Abb. 2). Die Gesichter wie auf Seite 8 beschrieben mit wasserfestem Stift und Buntstiftabrieb gestalten.

4 Die Garderobe nun zusammenfügen. Auf der Grundform alle Teile mithilfe der Vorlage positionieren und dann mit Holzleim aufkleben. Den Leim trocknen lassen, dann die Holzknäufe anschrauben. Beim lila Knauf die Blüte mit anschrauben.

5 Auf der Rückseite die Paketschnur als Aufhängung ankleben und zum zusätzlichen Fixieren Holzscheiben darüberkleben (Abb. 3).

1

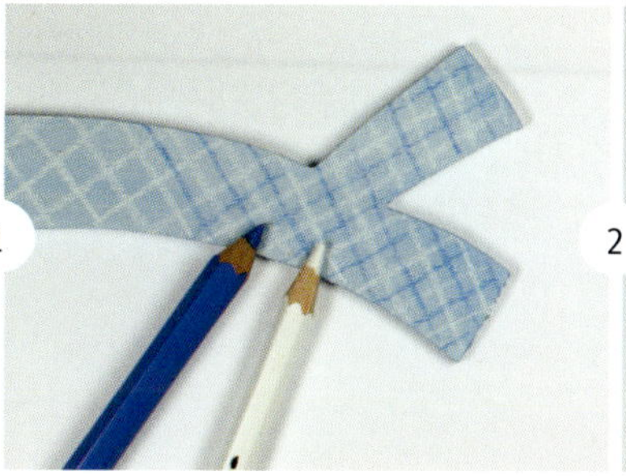

2

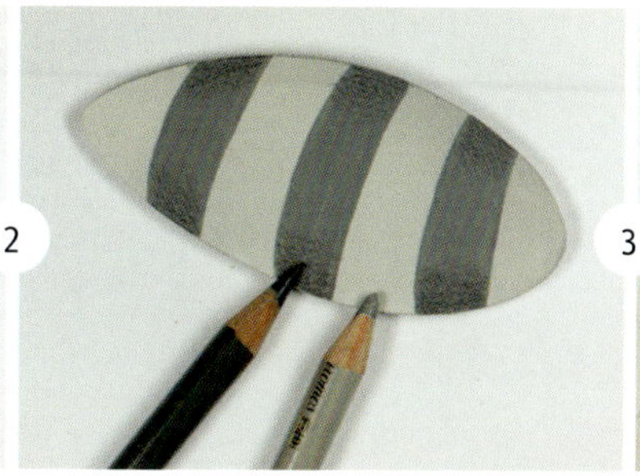

3

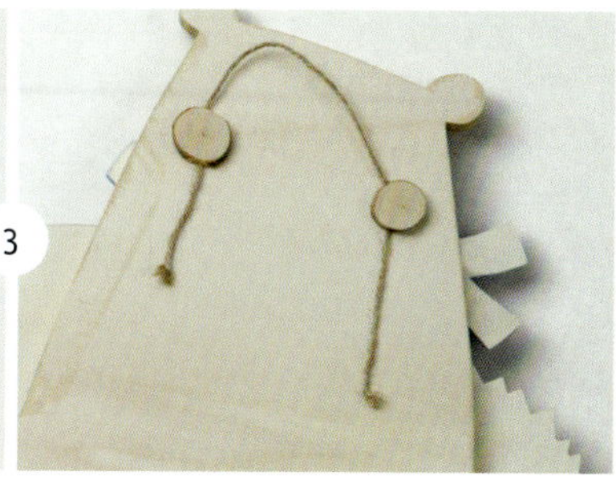

ORIGINELLER SCHMUCKHALTER

für Klein und Groß

●●○

MOTIVHÖHE

ca. 35 cm

MATERIAL

- Sperrholz, 6 mm stark, 30 cm x 40 cm
- Acrylfarbe in Grün, Rosa, Violett, Grau und Weiß
- Schaschlikstäbe
- Holzhalbkugel, ø 1 cm
- Bohrer, ø 1 mm
- dünner Blumendraht

VORLAGEN

Seite 59

1 Die Motivteile wie in der Grundanleitung auf Seite 6 beschrieben aussägen und die Kanten mit Schleifpapier nacharbeiten. Bei Innenschnitten etwas mehr schleifen, damit sich der Motivteile leicht zusammenstecken lassen.

2 Die Löcher für die Stacheln bohren (im Durchmesser der Schaschlikstäbe). Die Schaschlikstäbe mit einer kleinen Säge auf 2–2,5 cm Länge zuschneiden und in die Löcher kleben.

3 Die grüne Farbe mit Wasser verdünnen und den Kaktus, die Stacheln sowie die beiden Ableger lasierend bemalen. Die Vase grau und die Blume rosa bemalen. Die Blüten an den Rändern mit etwas Violett schattieren. Die Halbkugel weiß anmalen. Alles gut trocknen lassen.

4 Mit Schleifpapier die Ränder abschleifen, bis das Holz wieder sichtbar ist. Etwas Klebstoff auf die Kanten der Innenschnitte geben und die beiden Teile zusammenstecken (Abb. 1). Die Ableger ankleben.

5 In die Unterkante der kleinen Blüten und in den Kaktus mit einem 1 mm großen Bohrer Löcher bohren. Dann mit Holzleim Drahtstücke in den Löchern des Kaktusses fixieren und die Blüten aufkleben (Abb. 2).

1

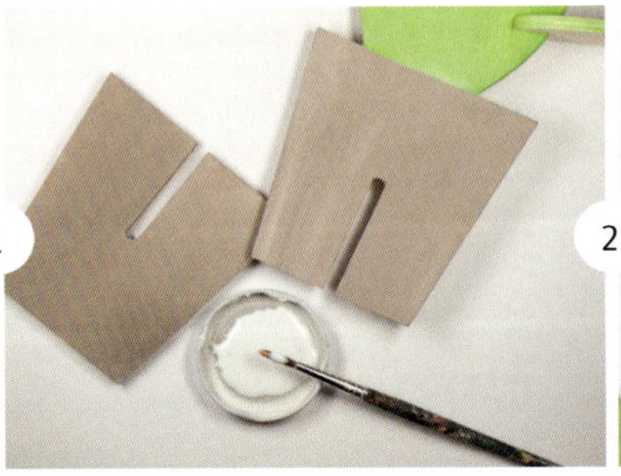

2

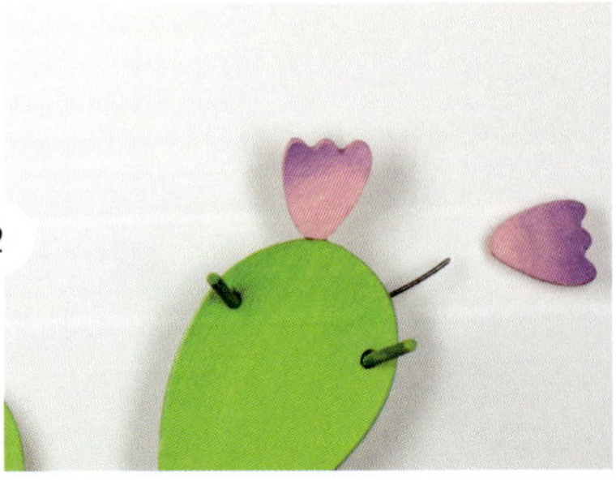

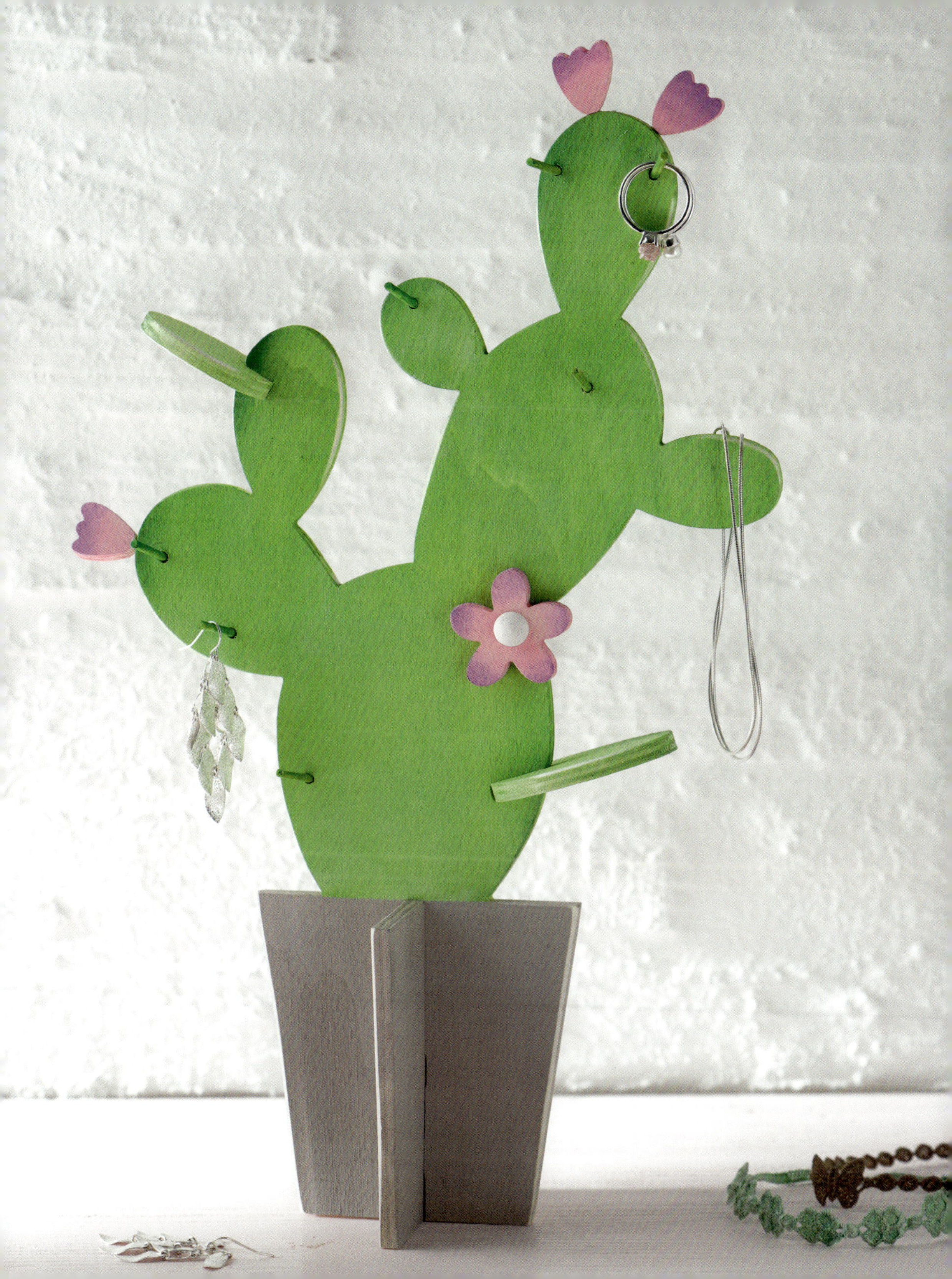

NIEDLICHE AUFSTELLER

stimmungsvolle Dekoration

●○○

MOTIVHÖHE

Eule ca. 7 cm

MATERIAL

- Sperrholz, 6 mm stark, 20 cm x 20 cm (für alle Figuren)
- Acrylfarbe in Weiß und Schwarz
- Holzscheiben, 4 x ø 2 cm und 1 x ø 3 cm
- Sternanis
- Holzknopf, ø ca. 1,8 cm
- Faden in Natur oder Weiß
- Lärchenzweig
- 3 Drahtstäbe, ø 2 mm, je 8 cm lang
- Aststücke, ø 5 cm
- Bohrer, ø 2 mm

VORLAGEN

Seite 59

1 Die Motivteile wie in der Grundanleitung auf Seite 6 beschrieben aussägen und die Kanten mit Schleifpapier nacharbeiten.

2 Die Eulen können naturfarben belassen oder mit weißer Farbe bemalt werden, ebenso Blatt und Zweig. Die Holzscheiben mit weißer Farbe bemalen, dabei den Rindenrand aussparen.

3 Die kleinen Holzscheiben als Augen auf die Eulen kleben und die Pupillen mit einem Pinselstiel und schwarzer Farbe aufsetzen. Ein Stück Sternanis als Schnabel dazwischenkleben. Die große Holzscheibe auf die Blüte kleben und in die Mitte den Holzknopf kleben. Vorher noch etwas Faden in den Knopflöchern vernähen.

4 In die Kanten von Eulen und Blume 1–2 cm tiefe Löcher bohren, ebenso in die Aststück-Sockel. Das Blatt schräg, den Zweig in der Mitte durchbohren (siehe Abb. unten).

5 Das Blatt und den Zweig jeweils auf einen Drahtstab fädeln und den Draht im Sockel mit Holzleim festkleben. Etwas Klebstoff auf das obere Ende geben und die Eulen bzw. die Blüte aufkleben. Eine Eule erhält statt des Sperrholzschmuckes einen aus Lärche gewundenen Kranz.

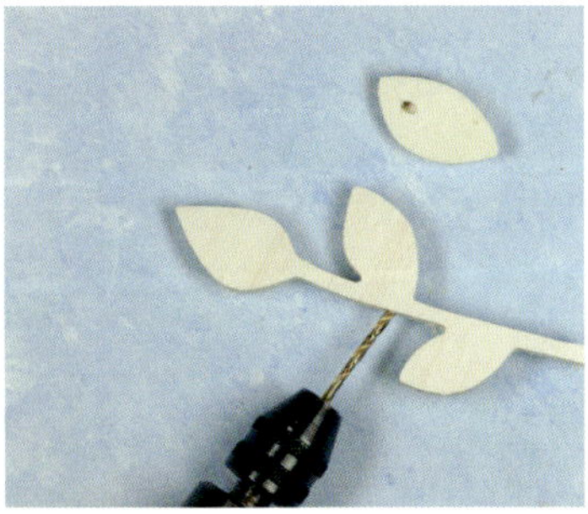

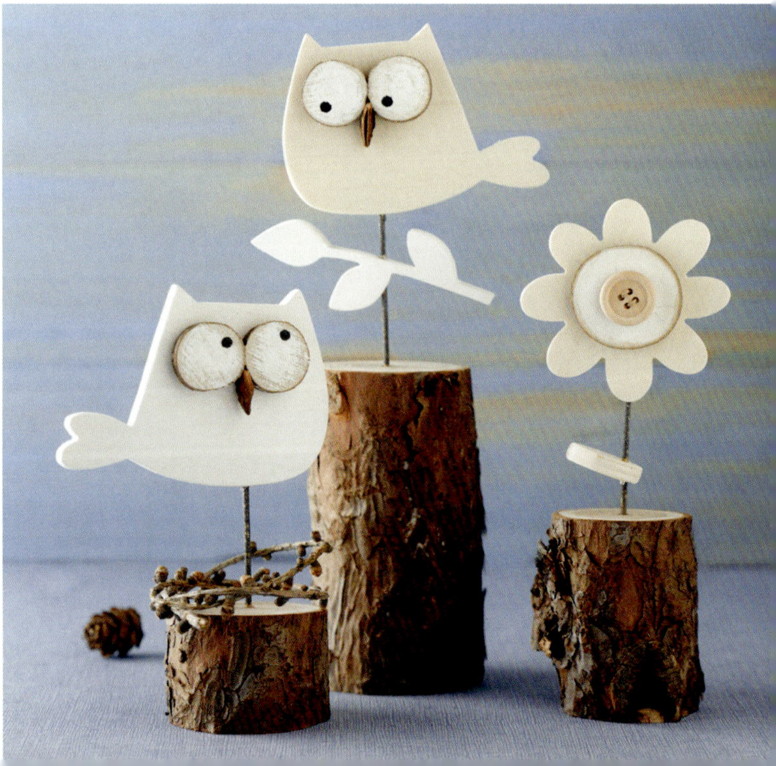

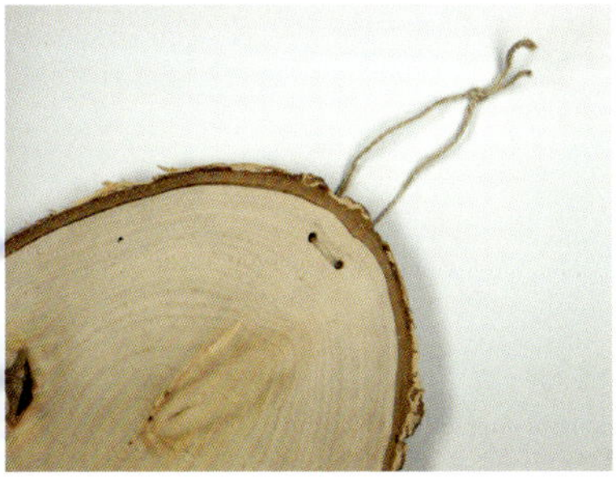

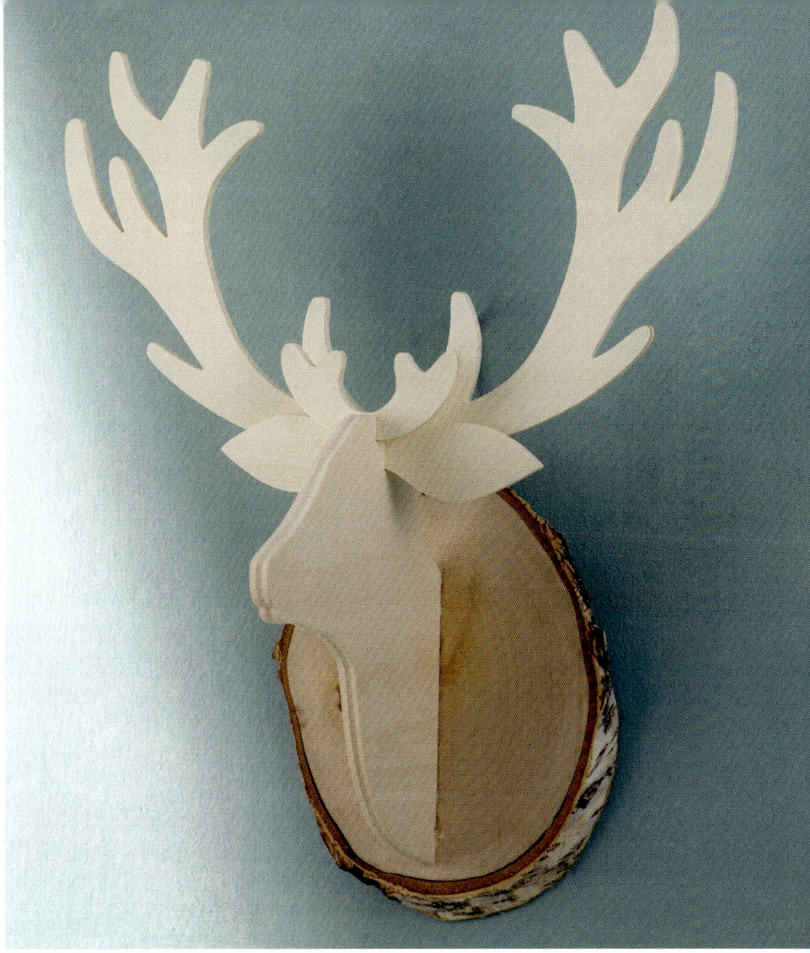

MOTIVHÖHE
ca. 36 cm

MATERIAL

- Sperrholz, 1 cm stark, ca. 40 cm x 50 cm
- ovale Holzscheibe mit Rinde, ca. 2 cm stark, 23 cm hoch
- Kordelrest, ø 2 mm

VORLAGEN
Seite 62/63

HIRSCH-TROPHÄE

rustikaler Wandschmuck

1 Die Motivteile wie in der Grundanleitung auf Seite 6 beschrieben aussägen und die Kanten mit Schleifpapier nacharbeiten. Das dicke Sperrholz lässt sich leichter mit der Dekupiersäge aussägen.

2 In die Holzscheibe zwei Löcher bohren zum Durchfädeln der Aufhängung. Die Kordel durchziehen und verknoten (siehe Abb. oben).

3 Die Scheibenmitte mit Hilfe eines Lineals ermitteln, markieren und den Hirschkopf aufkleben. Trocknen lassen, dann die Geweihteile anbringen.

ELEGANTE WANDUHR

zeitlos schönes Design

MOTIVHÖHE

ca. 28 cm

MATERIAL

- perrholz, 6 mm stark, 30 cm x 30 cm
- Quarz-Uhrwerk
- Zeiger in Schwarz, ca. 7,5 cm lang (großer Zeiger)

VORLAGEN

Seite 53

1 Die Motivteile wie in der Grundanleitung auf Seite 6 beschrieben aussägen. Zum Aussägen der Innenflächen Löcher in jede der Flächen bohren, das Sägeblatt an einer Seite immer wieder ausspannen, durchfädeln, wieder einspannen und sägen. Am besten die Uhr zuerst grob aussägen, dann die Innenfläche arbeiten und abschließend die Außenkonturen sägen.

2 Mit feinem Schleifpapier die Ränder glätten. Auch die Zwischenräume können geschliffen werden. Dazu das Schleifpapier zusammenbiegen oder zusammenrollen und vorsichtig durch die Innenausschnitte ziehen, um die Ränder zu schleifen. Sie können auch Streifen zuschneiden, damit das Schleifpapier durch die Löcher passt (Abb. 1 und 2).

3 In der Mitte der Uhr ein Loch bohren, der Durchmesser hängt von der Größe des Uhrwerk-Stiftes ab. Das Uhrwerk auf der Rückseite und die Zeiger auf der Vorderseite anbringen.

1
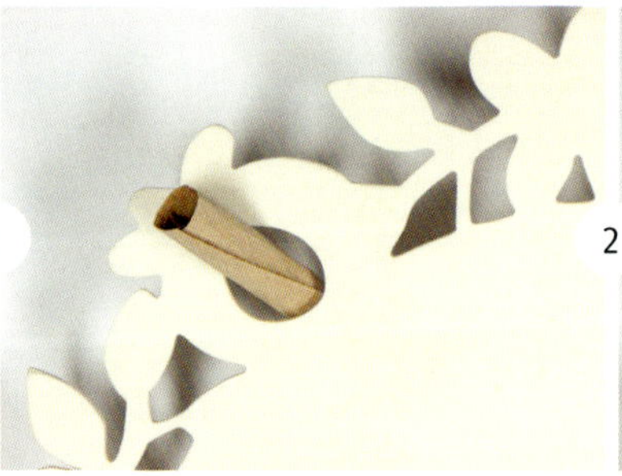

2
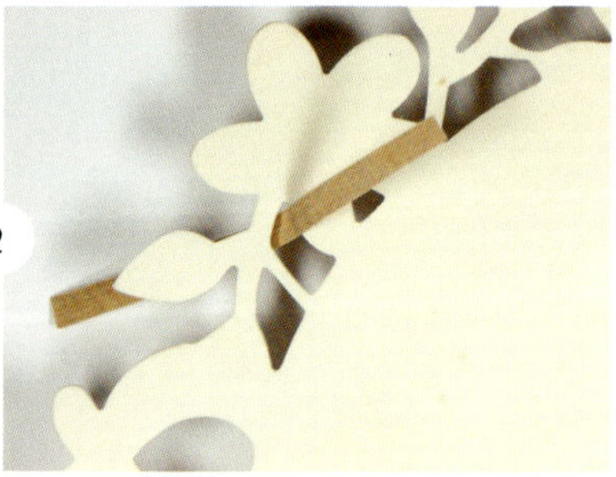

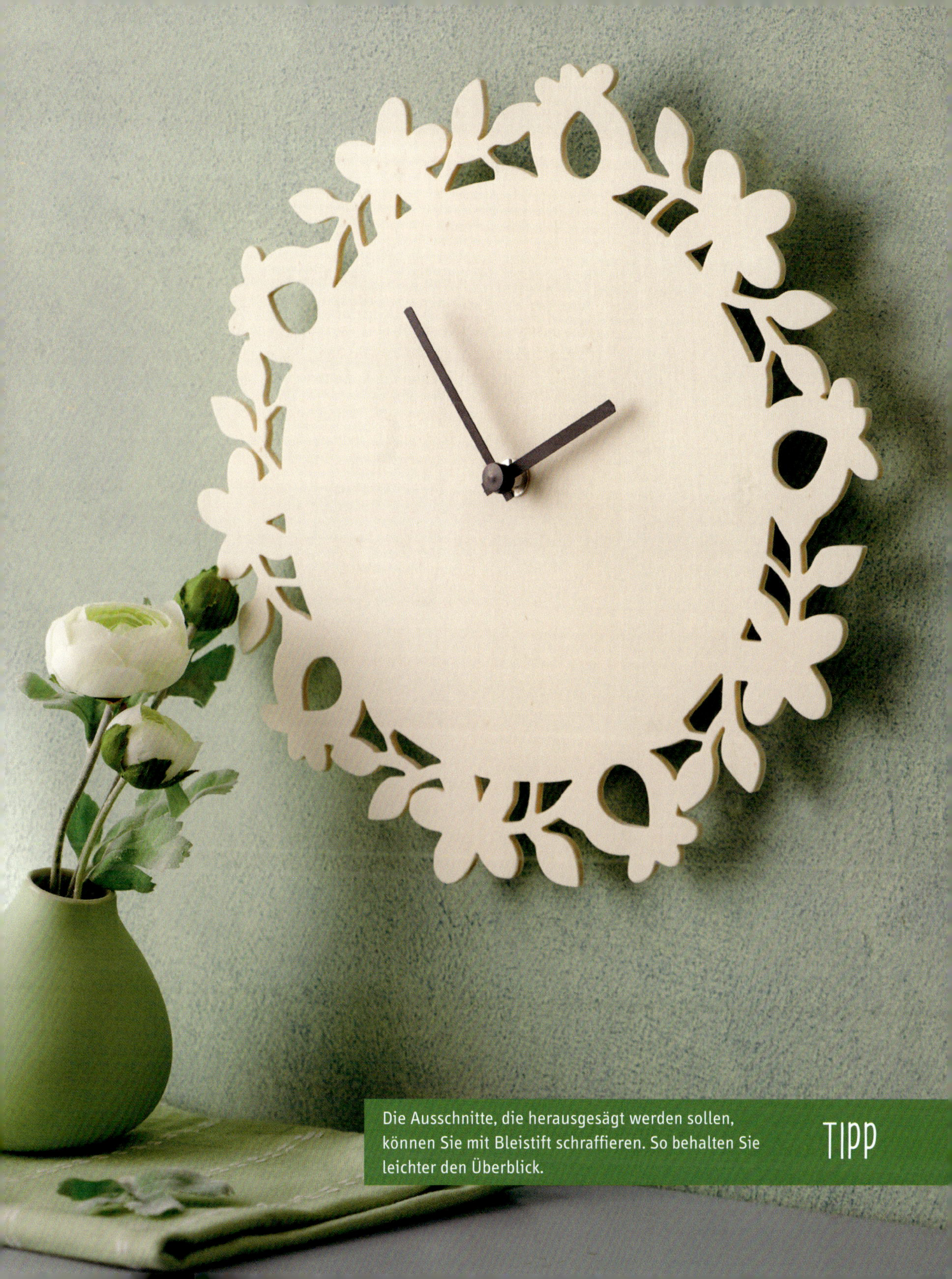

Die Ausschnitte, die herausgesägt werden sollen, können Sie mit Bleistift schraffieren. So behalten Sie leichter den Überblick.

TIPP

HÜBSCHE WANDTAFEL

und Handtuchhalter

●●●

MOTIVHÖHE

Teekanne ca. 35 cm

Tasse ca. 10 cm

MATERIAL

- Sperrholz, 6-8 mm stark, 40 cm x 50 cm
- Sperrholzrest, 1 cm stark
- Acrylfarbe in Rosa, Taupe und Weiß
- Tafellack in Transparent
- Schablone mit Kreisen
- Sprüh-Haftkleber
- Kordel in Rot
- Holzknauf, ø 1,7 cm
- 2 kleine Bilderhaken

VORLAGEN

Seite 54

1 Die Motivteile wie in der Grundanleitung auf Seite 6 beschrieben aussägen. Zum Aussägen der Innenflächen Löcher in jede der Flächen bohren, das Sägeblatt an einer Seite ausspannen, durchfädeln, wieder einspannen und sägen. Am besten zuerst die Außenkonturen, dann die Innenausschnitte sägen.

2 Mit feinem Schleifpapier die Ränder glätten. Auch die Kanten der Innenausschnitte nicht vergessen. Für die Aufhängung ein Loch oben in die Teekanne bohren.

3 Die Teekanne lasierend mit einem breiten Pinsel in Taupe bemalen. Die Tasse rosarot streichen. Gut trocknen lassen.

4 Die Rückseite der Kreisschablone leicht mit Haftspray besprühen, auf die Teekanne legen und andrücken. Dann mit einem Borstenpinsel und ganz wenig dickflüssiger Farbe die Muster auftupfen. Verschiedene Kreise aufmalen, dabei zwischendurch die Farbe antrocknen lassen, damit beim Auflegen der Schablone nichts verwischt. Eilige helfen mit einem Föhn nach. Für die Kanne Rosa und stellenweise etwas Weiß verwenden. Die Teetasse ebenso gestalten, aber mit Weiß aufgehelltes Taupe nehmen.

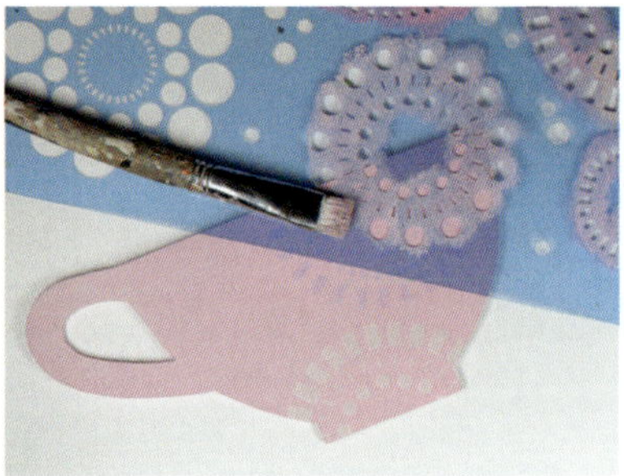

5 Nach dem Trocknen den Tafellack zügig mit einen breiten Pinsel über die ganze Fläche der Teekanne streichen. Trocknen lassen und dann mindestens noch drei weitere Schichten auftragen. Zwischendurch immer wieder trocknen lassen. Danach kann man die Tafel mit Kreide beschriften und sie mit einem feuchten Lappen abwischen.

6 Auf die Teetasse den Holzknauf kleben oder ihn anschrauben. Auf der Rückseite die Bilderhaken anbringen.

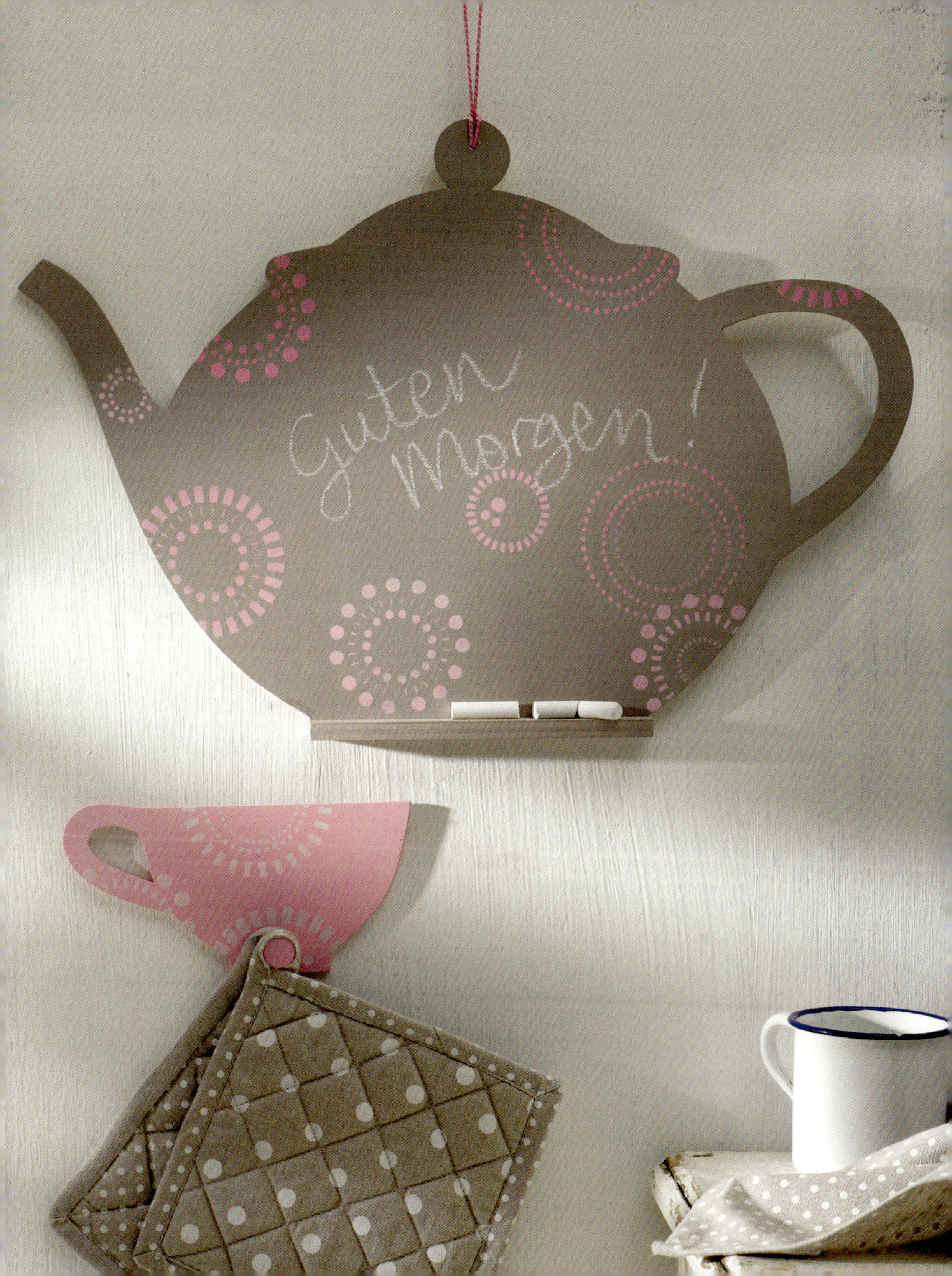
Guten Morgen!

SCHUTZENGEL

niedliche Hängefiguren

MOTIVHÖHE

ca. 24 cm (ohne Beine)

MATERIAL

PRO ENGEL

- Sperrholz, 6 mm stark, 10 cm x 25 cm
- Sperrholzrest, 3 mm stark
- Acrylfarbe in Hautfarbe, Weiß, Hellrosa und Hellgrau
- dünner Blumendraht in Braun
- Jutekordel, ø 2 mm
- 2 Holzspulen, ø 1 cm, ca. 1 cm lang
- dünne Kordel in Weiß, ø 1 mm, 30 cm lang
- Bohrer, ø 1 mm

ZUSÄTZLICH ROSA ENGEL

- 5 Wachsperlen in Weiß, ø 4 mm
- Knopf in Perlmuttweiß, ca. 1 cm
- Spitzenband in Weiß, ca. 1 cm breit, 30 cm lang

ZUSÄTZLICH HELLBLAUER ENGEL

- 5 Satinröschen in Hellrosa, ø 1,2 cm
- Zeitungspapierrest
- Band mit Streifen in Grau-Weiß, 1 cm breit, 15 cm lang

ZUSÄTZLICH WEISSER ENGEL

- 5 Wachsperlen in Weiß, ø 4 mm
- Holzspule, ø 1,5 cm, 2,7 cm lang
- Pomponband in Weiß, 1,5 cm hoch, 10 cm lang
- Band mit Streifen in Grau-Weiß, 1 cm breit, 15 cm lang
- Papierstreifen in Weiß, ca. 1,7 cm breit, ca. 10 cm lang

VORLAGEN

Seite 61

1 Die Motivteile wie auf Seite 6 beschrieben aussägen: den Körper aus 6 mm starkem Sperrholz, Hut, Herz und Stern aus dünnem Sperrholz aussägen.

2 Das Aufhängeloch bohren. Das Gesicht hautfarben grundieren und das Kleid farbig bemalen. Stern und Herz mit verdünnter Farbe weiß bemalen, den Hut im gewünschten Farbton. Das Gesicht wie auf Seite 8 beschrieben gestalten.

3 Die Aufhängefäden durch die Löcher ziehen, dann die Engel zusammenfügen. Beim rosa Engel die Borte und den Knopf aufkleben. Die Wachsperlen auf Draht fädeln, um den Hals legen und auf der Rückseite die Drahtenden miteinander verdrehen (Abb. 1). Für die Haare etwas Kordel zu Schlaufen legen und auf den Kopf kleben. Darüber den Hut mit dem Stern setzen. Die Flügel aus Draht biegen und ebenso wie die 40 cm langen Kordeln für die Beine auf der Motivrückseite festkleben. Auf die Kordelenden noch Holzspulen fädeln und sie mit dicken Knoten fixieren.

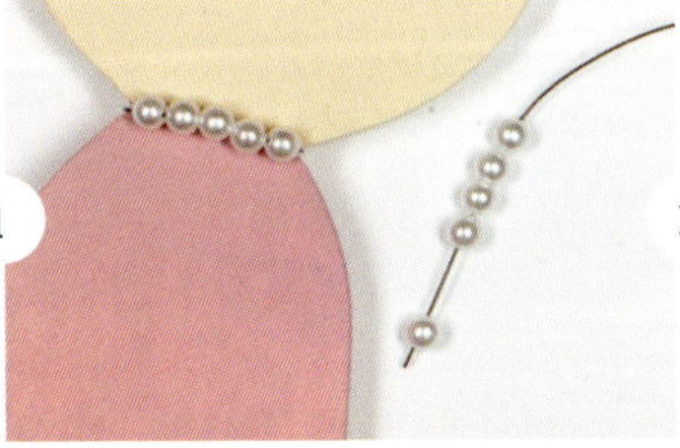

1

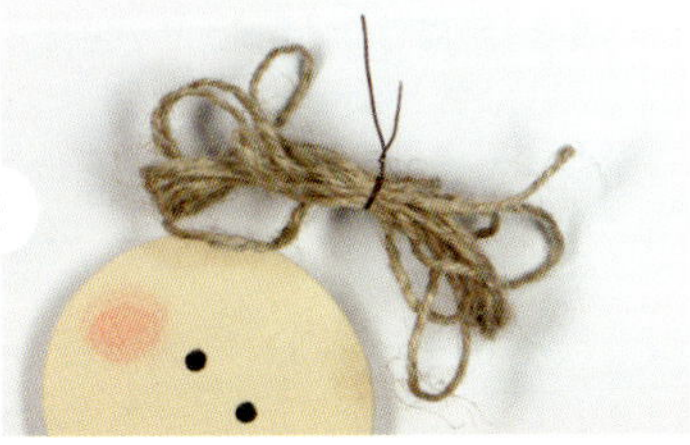

2

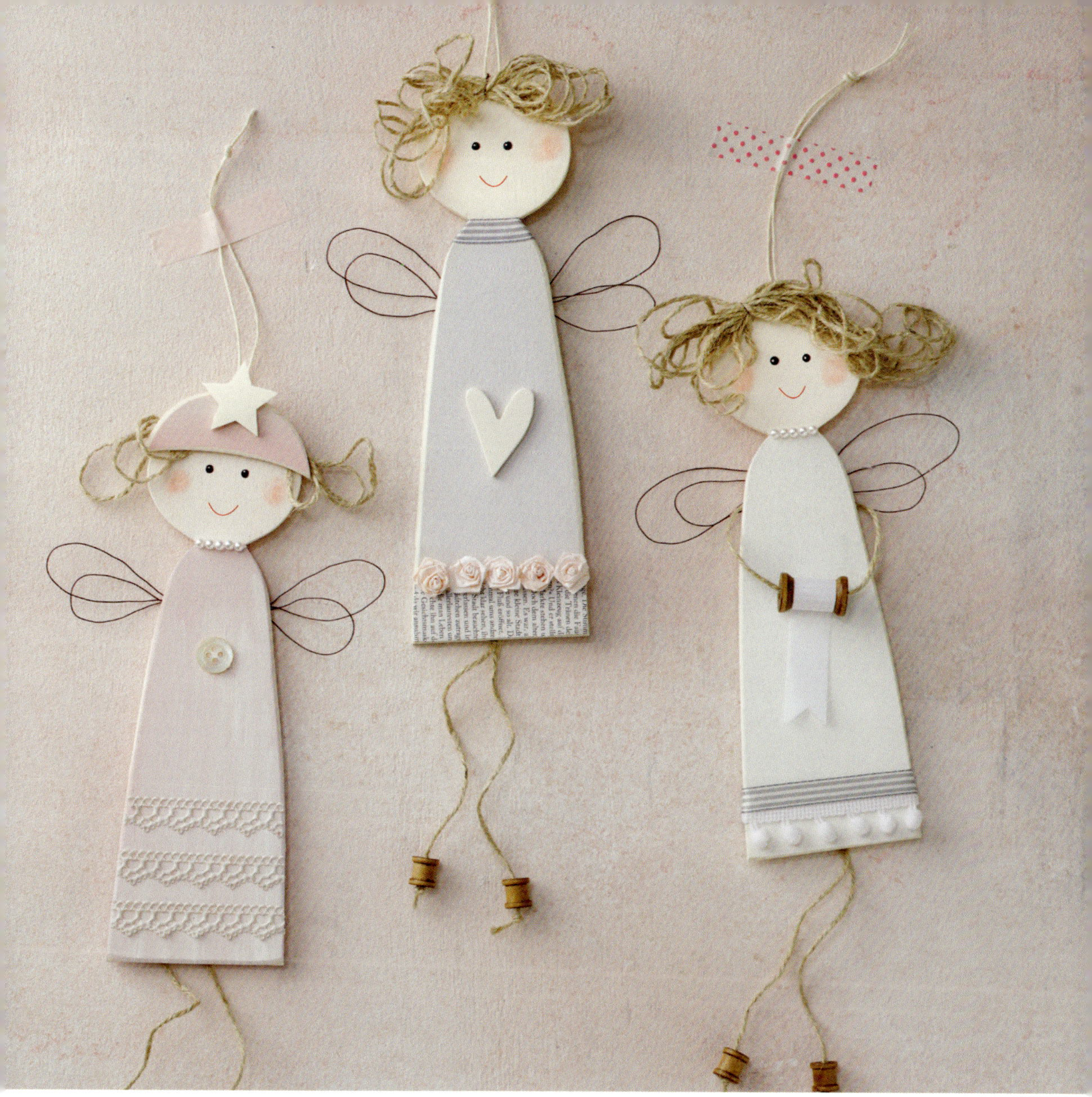

4 Der blaue Engel erhält eine Zeitungspapierborte. Den Streifen mit Klebestift aufkleben, an den Kanten bündig abschneiden und an die Oberkante die Röschen mit Heißkleber oder UHU hart befestigen. Das Herz aufleimen und das Band als Kragen aufkleben. Für die Haare die Kordel über drei bis vier Finger zu Schlaufen legen und diese mittig mit Draht abbinden (Abb. 2). Die Haare aufkleben. Flügel und Beine anbringen (siehe oben).

5 Der weiße Engel erhält Arme. Dafür den Papierstreifen wie abgebildet an die Holzspule kleben, diese auf ein 20 cm langes Kordelstück fädeln und die Enden auf der Rückseite festkleben. Streifen- und Pomponband am Kleid anbringen. Für die Haare wie beim blauen Engel beschrieben Kordelschlaufen anfertigen; dieses Mal aber seitlich abbinden. Kette, Flügel und Beine wie beim rosa Engel beschrieben anbringen.

HERBSTDEKORATION

witzige Steh- und Hängefiguren

●●●

MOTIVHÖHE

ca. 16–29 cm

MATERIAL

- Sperrholz, 8 mm stark, 30 cm x 40 cm
- Sperrholzrest, 3 mm stark
- Acrylfarbe in Hellbraun, Rotbraun, Gelb, Hellgrün, Grün und Schwarz
- Äste

VORLAGEN

Seite 56/57

1 Die Motivteile wie in der Grundanleitung auf Seite 6 beschrieben aussägen Die Motivteile der Eichhörnchen werden aus 8 mm starkem Sperrholz, die Blätter und Eicheln aus 3 mm starkem Sperrholz angefertigt. Die Kanten mit Schleifpapier glätten.

2 In einen Plastikteller etwas hellbraune Acrylfarbe geben, mit Wasser verdünnen und gut verrühren. Die so entstandene Lasur mit einem breiten Pinsel auf die Figuren auftragen. Mit verdünnter brauner und rotbrauner Farbe die Schattierungen malen (siehe auch Seite 7). Gut trocknen lassen.

3 Dann die Augen und den Mund mit einem schwarzen, wasserfesten Stift aufmalen. Die Nase mit brauner oder schwarzer Farbe und einem dünnen Pinsel aufmalen.

4 Die Blätter mit hellgrüner Farbe bemalen und auf einer Seite mit Gelb, auf der anderen mit Grün oder einem Braunton schattieren (Abb. 1).

5 Die Eicheln in Braun und Hellgrün bemalen und die Farbe gut trocknen lassen. Dann mit weißem Buntstift ein Karomuster auf die Frucht malen (Abb. 2).

6 Anschließend die Ränder der Motivteile mit Schleifpapier bearbeiten, sodass das Holz wieder durchscheint (siehe Seite 7).

7 Die Motivteile mit Holzleim zusammenkleben. Zum Positionieren die Vorlage zu Hilfe nehmen. Da manche Motivteile schräg aufgesetzt werden, eignet sich hier Heißkleber gut. Die Tiere auf Ästen können mit einem dünnen Faden oder Draht aufgehängt werden.

1
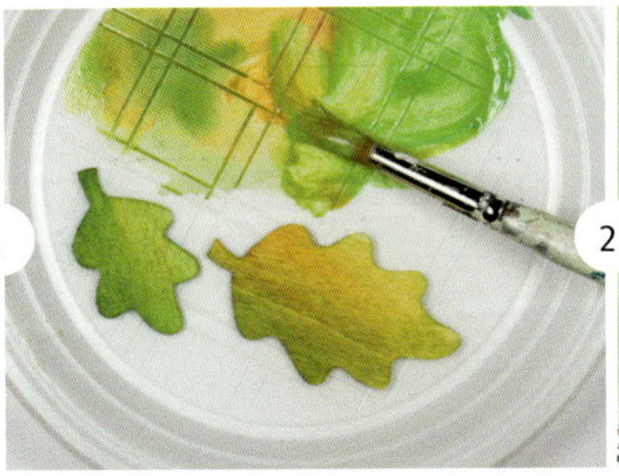

2
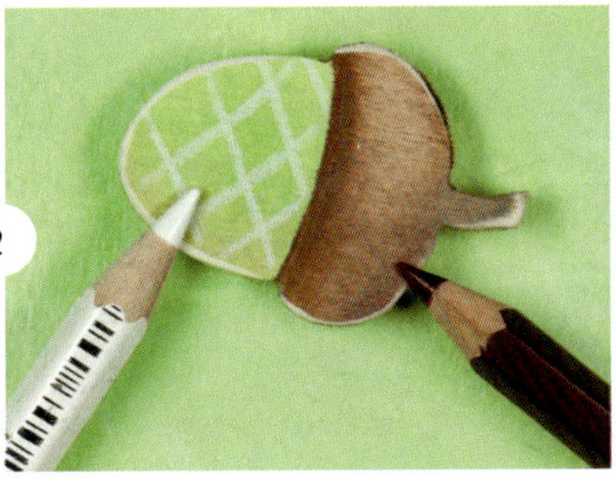

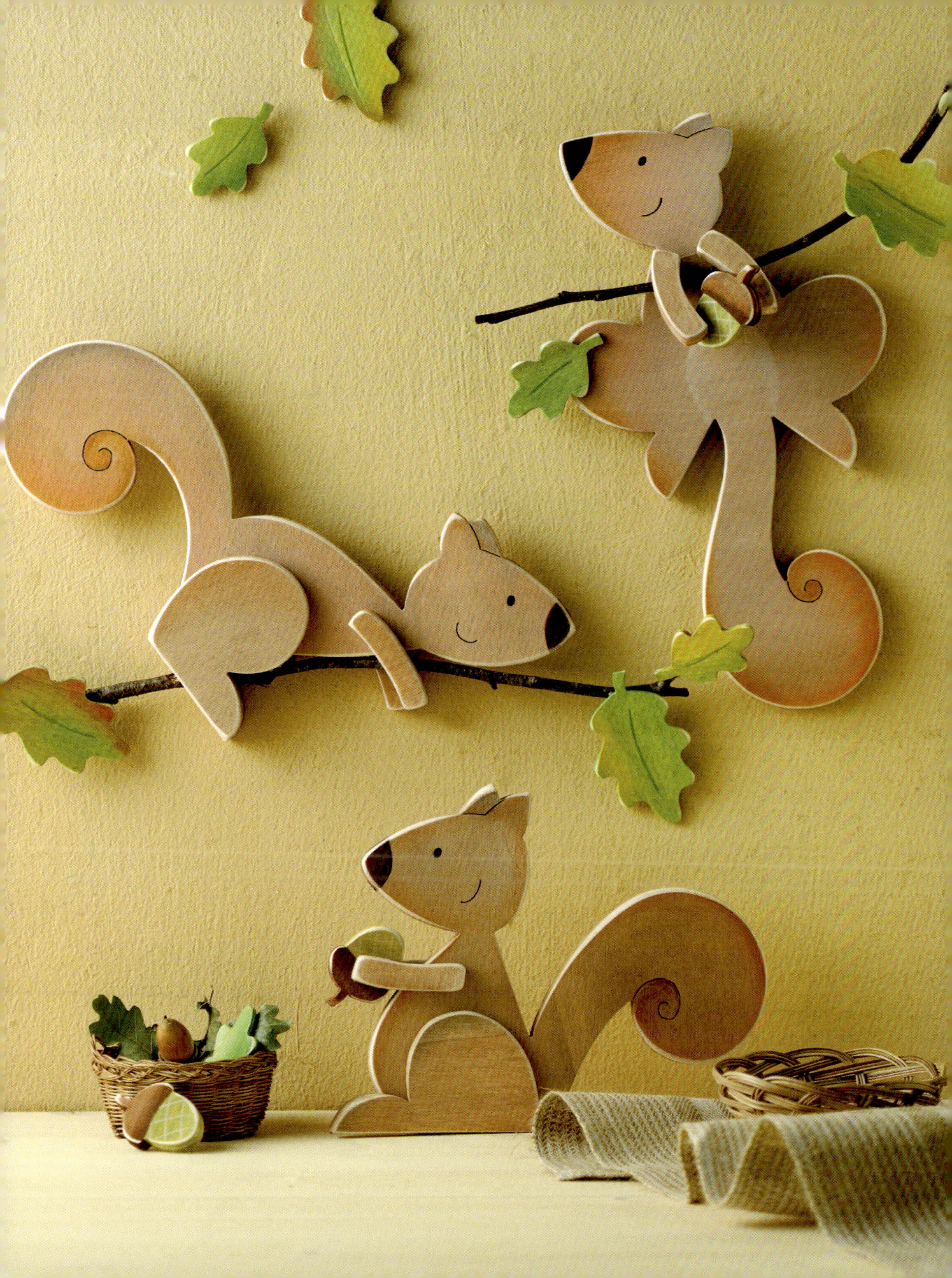

STECKTIERE

als Dekoration oder zum Spielen

MOTIVHÖHE

Fuchs ca. 10 cm

Baum ca. 14 cm

MATERIAL

PRO FUCHS

- Sperrholz, 4 mm stark, 15 cm x 20 cm
- Acrylfarbe in Weiß, Rotbraun und Schwarz
- Halbkugel, ø 1,5 cm

TANNE

- Sperrholz, 4 mm stark, 20 cm x 20 cm
- Acrylfarbe in Grün und Dunkelgrün

VORLAGEN

Seite 50/51

1 Die Motivteile wie in der Grundanleitung auf Seite 6 beschrieben aussägen und die Kanten mit Schleifpapier nacharbeiten. Bei Innenschnitten etwas mehr schleifen, damit sich die Motive leicht zusammenstecken lassen (Abb. 1).

2 Zum Bemalen der Tanne grüne Farbe in einem Teller mit Wasser verdünnen und damit die beiden Teile des Baumes bemalen. Mit einem dunkleren Grünton die Ränder schattieren (siehe Seite 7).

3 Die Füchse mit verdünnter rotbrauner Farbe bemalen und nach dem Trocknen die weißen Flächen mit deckender Farbe aufmalen. Die Halbkugeln als Nasen schwarz anmalen. Die Augen mit dem stumpfen Ende eines Schaschlikstabes aufmalen. Die Nase aufkleben und nach Belieben das Gesicht wie auf Seite 8 beschrieben gestalten.

4 Abschließend die Motive zusammenstecken. Vorher die Kanten der Schlitze mit etwas Holzleim versehen (Abb. 2).

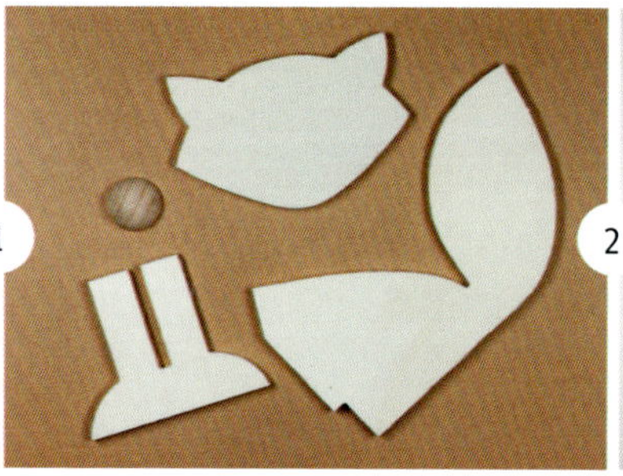

1

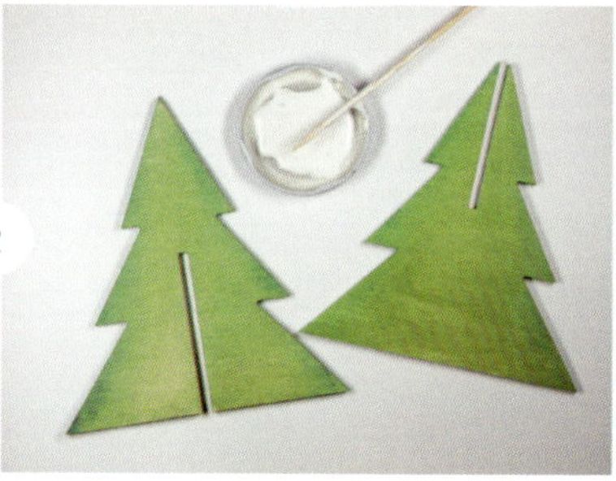

2

TIPP Die Gesichter können auch ganz schlicht – ohne Mundlinie und Wangenrot – gestaltet werden.

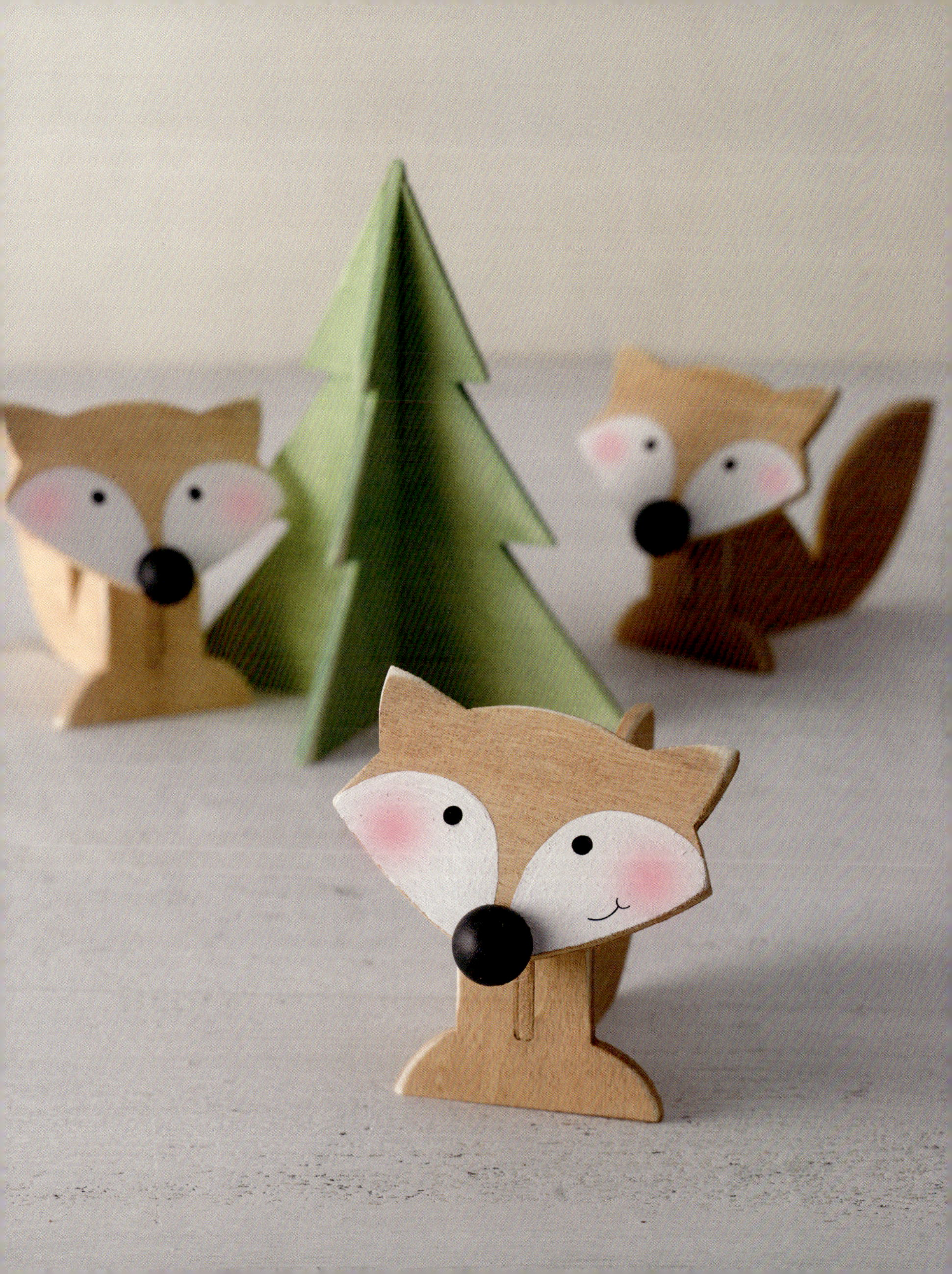

WALDSZENE IM RAHMEN

mehrlagiges Bild

●●●

MOTIVHÖHE

ca. 29 cm

MATERIAL

- Sperrholz, 4 mm stark, 30 cm x 40 cm
- Acrylfarbe in Weiß und Hellbraun

VORLAGEN

Seite 62/63

1 Die Motivteile wie in der Grundanleitung auf Seite 6 beschrieben aussägen. Das Bild besteht aus mehreren Lagen: Dem Rahmen mit Bäumen, einzelnen Bäumen und den Tieren (siehe Abb. unten).

2 Zum Aussägen der Innenflächen des Rahmens Löcher in das Holz bohren, das Sägeblatt an einer Seite ausspannen, durchfädeln, wieder einspannen und sägen. Am besten zuerst die Außenkonturen, dann die Innenausschnitte sägen.

3 Mit feinem Schleifpapier die Ränder glätten. Auch die Kanten der Innenausschnitte nicht vergessen. Hier besonders behutsam arbeiten, damit keine Motivteile abbrechen.

4 Den Rahmen mit weißer Farbe bemalen. Für die Rehe in einem Teller weiße mit etwas hellbrauner Farbe und Wasser mischen und die Figuren damit bemalen. Die einzelnen Bäume in einem Zwischenton bemalen. Dafür die Farbe der Rehe weiter mit Weiß abtönen. Gut trocknen lassen.

5 Die Motivteile zusammenkleben. Die Rehe wie abgebildet hinter die Bäume des Rahmens leimen und dann auf der Rückseite die einzelnen Bäume fixieren. Das Bild mit zwei kleinen Nägeln oder einem durchsichtigen Faden an der Wand fixieren.

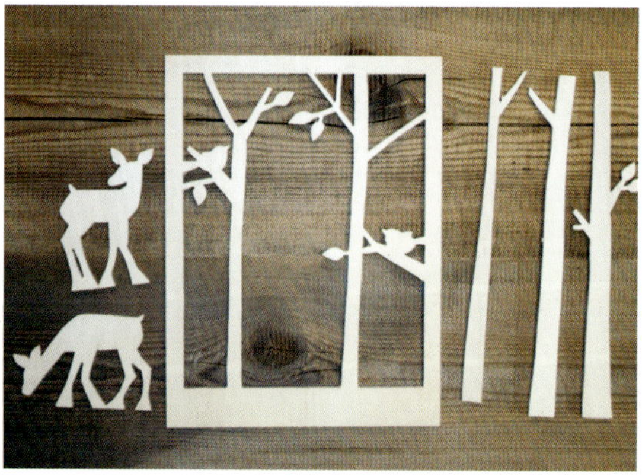

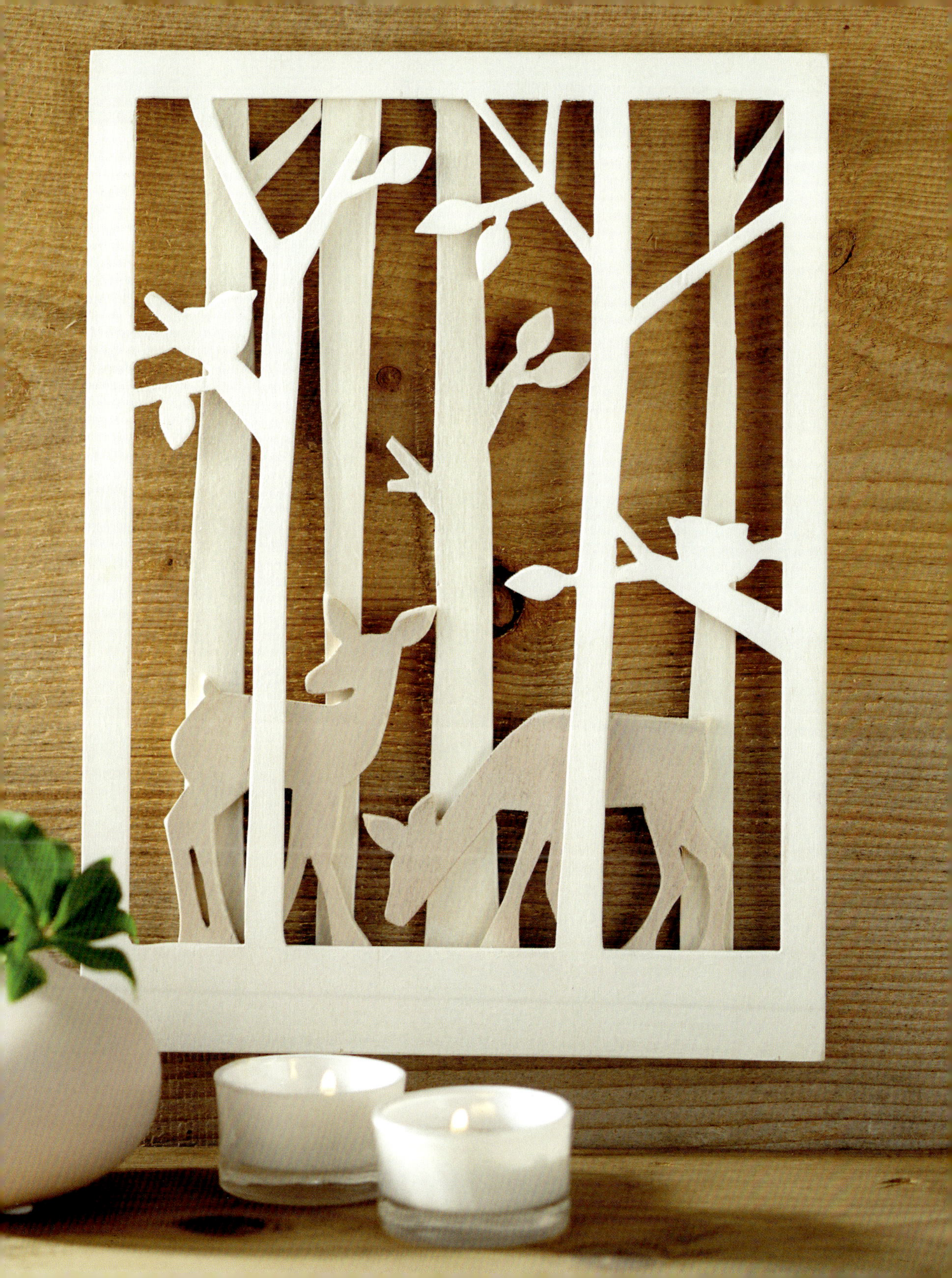

TIPP

Die Wichtel können auch einzeln gebastelt werden. Mit einem Aufhängefaden in der Mützenspitze werden sie zum Anhänger, an einen Rundholzstab geklebt zum Blumenstecker, mit einer rückseitig aufgeklebten Holzwäscheklammer versehen zum Deko- oder Geschenkclip – lassen Sie Ihrer Fantasie freien Lauf!

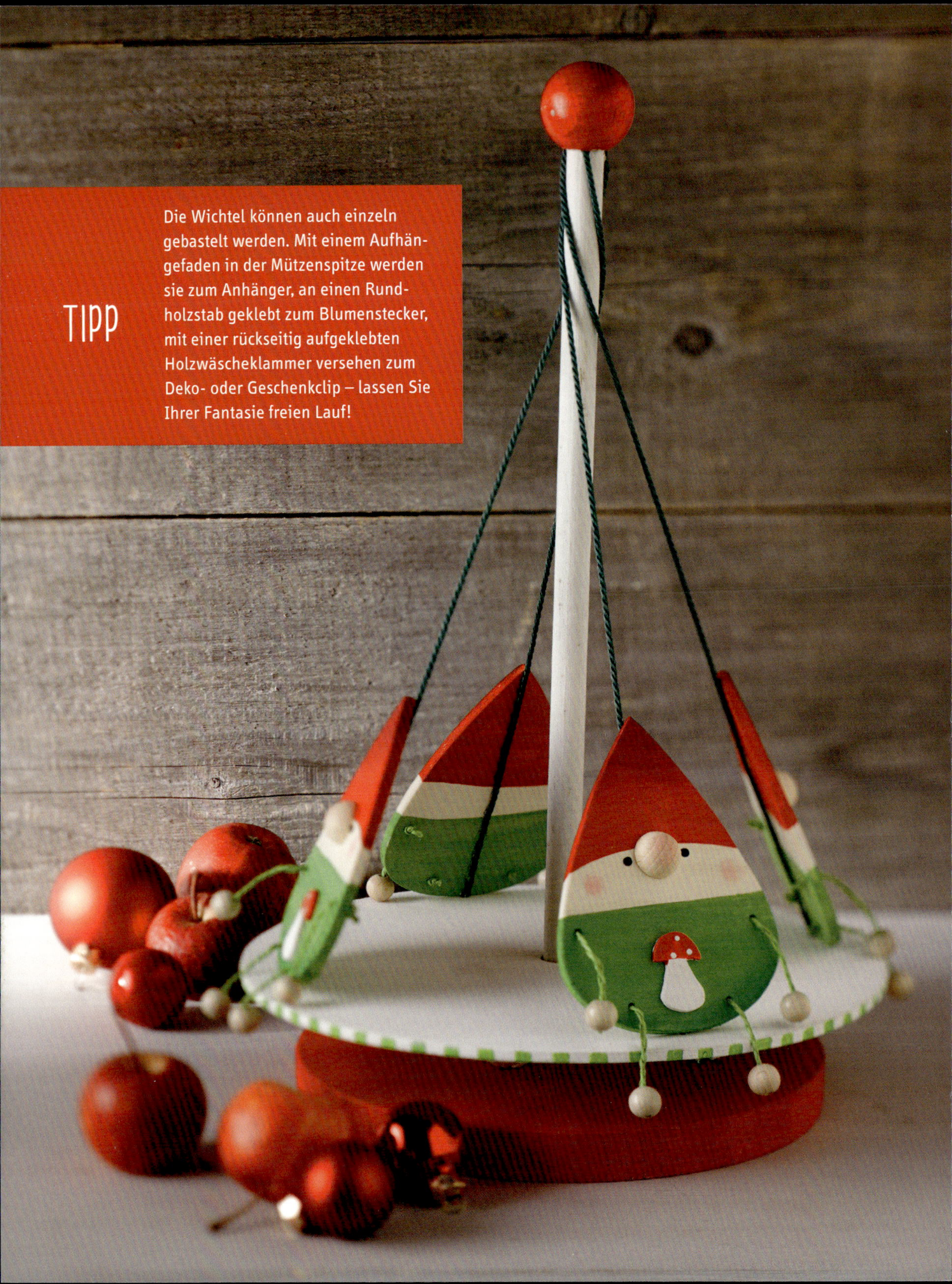

WEIHNACHTSKARUSSELL

mit Wichteln

MOTIVHÖHE

Karussell ca. 38 cm

Wichtel ca. 10 cm

MATERIAL

WICHTEL

- Sperrholz, 4 mm stark, 20 cm x 25 cm (für 4 Wichtel)
- 16 Holzperlen in Natur, ø 1 cm
- Acrylfarbe in Rot, Dunkelgrün, Hellgrün und Schwarz
- 4 Pilze aus Holz, 2,5 cm hoch
- 4 Holzhalbkugel, ø 1,5 cm
- Bohrer, ø 2 mm

KARUSSELL

- Sperrholz, 6 mm stark, A3
- Leimholz, 2 cm stark, ø 18 cm
- Rundholzstab, ø 1 cm, 34 cm lang
- Rohholzkugel, halbgebohrt, ø 4 cm
- Acrylfarbe in Rot, Weiß und Hellgrün
- Kordel in Grün, ø 2 mm, 4 x 40 cm lang
- Bohrer, ø 1,5 cm, 1 cm und 2 mm
- matter Sprühlack

VORLAGEN

Seite 63

WICHTEL

1 Die Tropfenform der Wichtel wie in der Grundanleitung auf Seite 6 beschrieben aussägen und mit feinem Schleifpapier die Ränder glätten. Die Löcher zum Einstecken der Arme und Beine bohren (ø 2 mm).

2 Die Wichtel mit Schattierungen bemalen (siehe Seite 7). Die Holzhalbkugel als Nase aufkleben und die Augen mit dem stumpfen Ende eines Schaschlikstabes und schwarzer Farbe aufsetzen.

3 Die Kordelstücke für die Arme und Beine durch die Löcher fädeln, verknoten und an den anderen Enden mit UHU hart oder Holzleim die Holzperlen ankleben. Abschließend den Pilz mit Holzleim auf den Körper kleben.

KARUSSELL

1 Zuerst ein 1 cm großes Loch in die Mitte der runden Basisform aus Leimholz bohren. Den zweiten Kreis aus Sperrholz aussägen und ein mindestens 1,5 cm großes Loch in die Mitte bohren. Außen gemäß Vorlage vier Löcher zum Durchfädeln der Kordeln bohren.

2 Die Leimholzbasis und die Holzkugel rot bemalen, den Rundholzstab und die Kreisscheibe weiß. Nach dem Trocknen mit einem Pinsel die Streifen auf den Rand der weißen Scheibe malen. Wieder trocknen lassen, dann alle Motivteile mit Sprühlack versiegeln.

3 Nach dem Trocknen des Lacks das Karussell zusammenbauen: Den Stab in das Loch der Leimholzplatte kleben. Die Sperrholzplatte aufschieben, die vier Kordeln durchfädeln und unter der Platte mit Knoten fixieren.

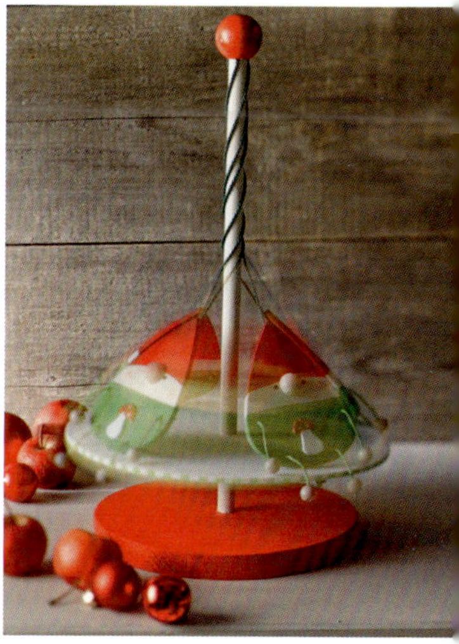

4 Danach die Kordelenden auf das Stabende kleben, sodass sie alle gleich lang sind. Darüber die Holzkugel stecken, deren Bohrung bei Bedarf etwas vergrößert werden muss. Der Abstand zwischen Sperrholz- und Leimholzplatte beträgt 2 cm.

5 Abschließend die Figuren wie abgebildet mit Heiß- oder Alleskleber an die Kordeln kleben und bis zum Erstarren des Klebers ggf. mit Leimzwingen anpressen. Gegen Abdrücke Hölzchen dazwischenlegen.

KERZENHALTER

schönes Geschenk für Familien

MOTIVHÖHE

ca. 35 cm

MATERIAL

- Sperrholz, 1 cm stark, 30 cm x 40 cm
- Sperrholz, 3 mm stark, 15 cm x 20 cm
- Acrylfarbe in Weiß, Rot, Dunkelrot, Hautfarbe und Braun
- Holzknopf, ø 1,2 cm
- 2 Kerzenhalter aus Holz, ø 2,5 cm
- ovale Holzscheibe, ca. 2 cm stark, ca. 20 cm lang
- dünne Drahtstifte (Nägel)
- Kneifzange
- Bohrer, ø 1 mm

VORLAGEN

Seite 61

1 Die Motivteile wie in der Grundanleitung auf Seite 6 beschrieben aussägen. Der Körper und die Tanne sind aus 1 cm dickem Sperrholz und lassen sich leichter mit der Dekupiersäge aussägen.

2 Bart und Mantelbesatz aus dem dünnen Sperrholz anfertigen. Zum Aussägen der Innenflächen im Bart ein Loch bohren, das Sägeblatt an einer Seite ausspannen, durchfädeln, wieder einspannen und sägen. Am besten zuerst die Außenkonturen, dann den Innenausschnitt sägen.

3 Die Kanten mit Schleifpapier nacharbeiten.

4 Den Mantel und die Mütze rot bemalen und an den Rändern mit etwas Dunkelrot und Schwarz schattieren. Die Schuhe braun anmalen und mit Schwarz schattieren. Das Gesicht hautfarben und Bart, Pompon, Handschuhe und Mantelbesatz weiß bemalen. Die Nase hautfarben bemalen und rot schattieren.

5 Den Stamm der Tanne mit weißer Farbe anmalen, gut trocknen lassen und mit roten Streifen versehen. Den Baum mit verdünnter grüner Farbe bemalen und an den Rändern mit etwas Schwarz schattieren. Gut trocknen lassen, dann die Linien mit einem weißen Buntstift aufmalen.

6 Die Kanten von Mantel, Mütze und Schuhen mit Schleifpapier bearbeiten, bis das Holz wieder sichtbar wird. Das Gesicht mit wasserfestem Stift und Buntstiftabrieb gestalten (siehe Seite 8).

7 Den Weihnachtsmann nun zusammenkleben, beim Positionieren der Motivteile die Vorlage zu Hilfe nehmen.

8 Weihnachtsmann und Tanne werden mit Drahtstiften auf der Holzplatte fixiert. Um die Position der Drahtstifte festzulegen, die Motive probeweise aufsetzen und mit einem Bleistift Markierungen machen. Für den Weihnachtsmann zwei Drahtstifte, für die Tanne einen einschlagen und die Köpfe mit einer Zange abknipsen. Dann die Motive aufsetzen und die Position der Drahtstifte an der Unterkante markieren. Kleine Löcher (ø 1 mm) bohren, etwas Holzleim auf die Unterkante geben, dann die Motive aufstecken und fest andrücken.

9 Abschließend die Kerzenhalter mit Leim und Nägeln auf den Armen fixieren.

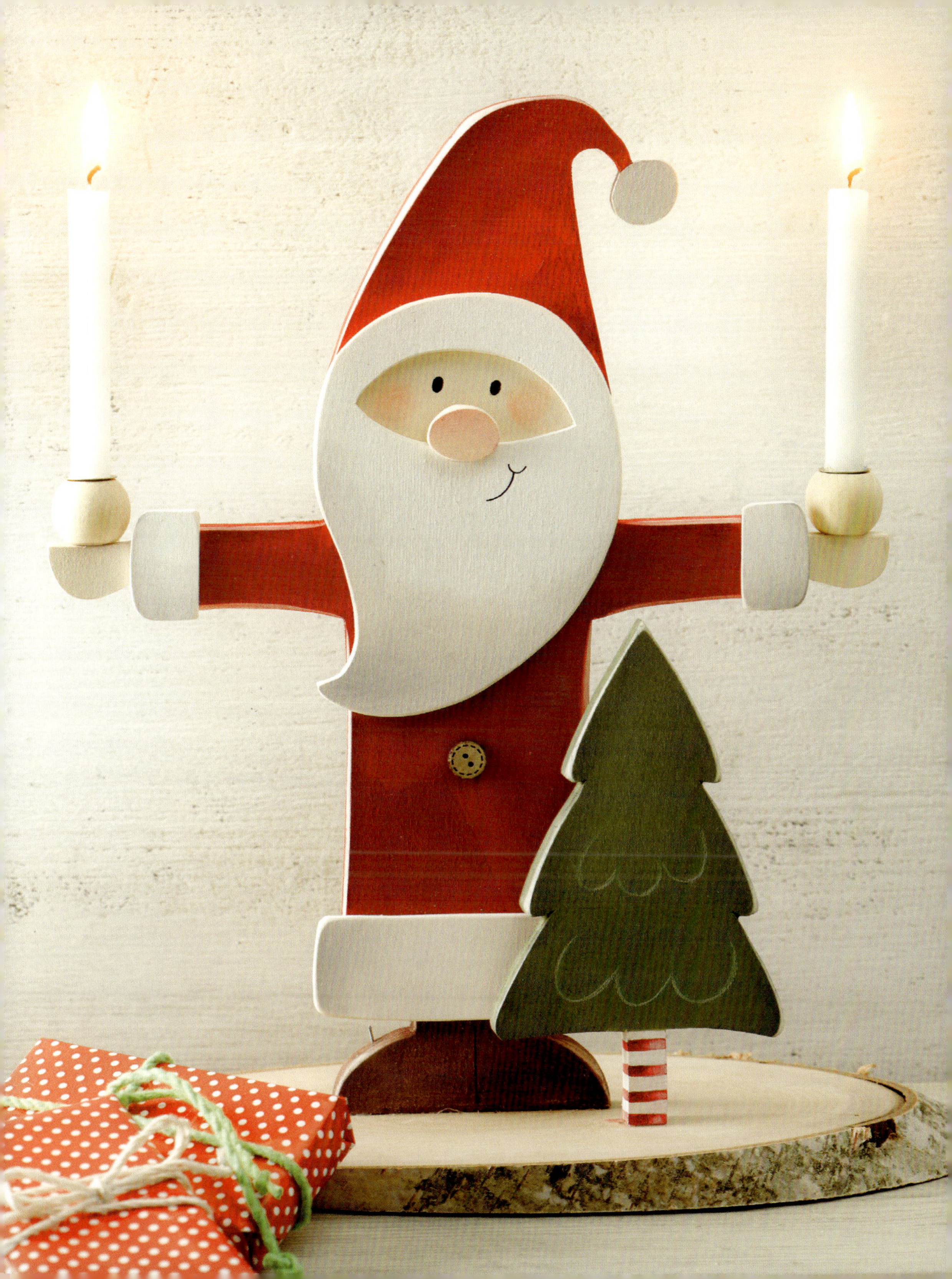

WEIHNACHTSKRIPPE

stimmungsvolle Szene

MOTIVHÖHE

Figuren ca. 12–17 cm

MATERIAL

- Sperrholz, 4 mm stark, ca. 40 cm x 50 cm
- Schaschlikstab
- dünne Drahtstifte (Nägel)
- Kneifzange
- altes Brett in der gewünschten Größe, hier ca. 90 cm lang
- Bohrer, ø 1 mm

VORLAGEN

Seite 60/61

1 Die Motivteile wie in der Grundanleitung auf Seite 6 beschrieben mit der Laub- oder Dekupiersäge aussägen. Die Kanten mit feinem Schleifpapier glätten.

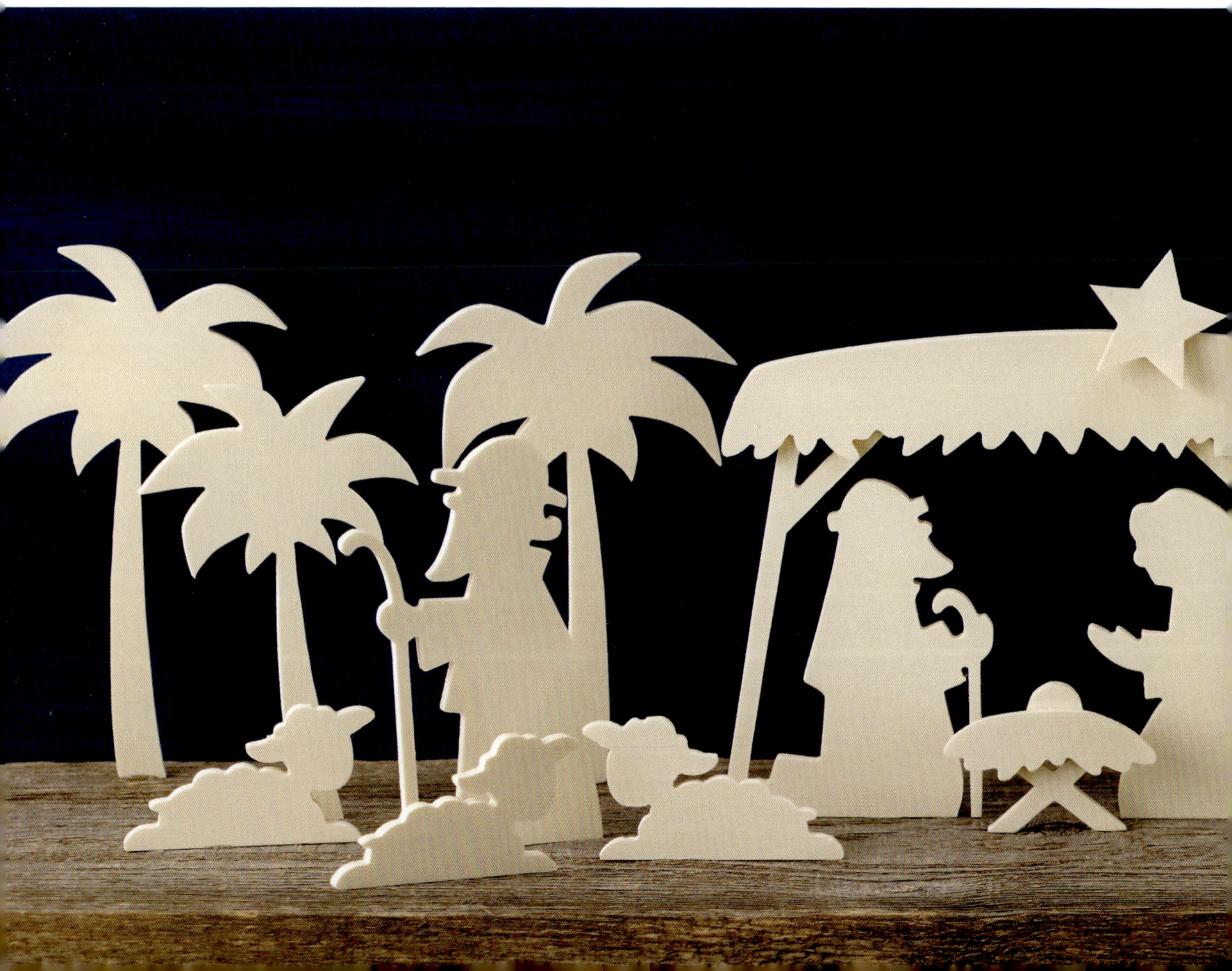

2 Die Figuren können entweder mit Dreieck-Haltern versehen und frei aufgestellt werden oder Sie befestigen sie mit Drahtstiften auf dem Brett.

3 Dazu mit einem 1-mm-Bohrer kleine Löcher unten in die Figur bohren und die Drahtstifte einkleben (siehe Abb.). Trocknen lassen, dann den Nagelkopf abknipsen und ggf. den Nagel mit einer Zange auf das nötige Maß kürzen. Die Motive nun positionieren und an den Stellen, wo Drahtstifte auf das Holz treffen, Löcher bohren.

4 Die Figuren dann einfach aufstecken. Wer sie dauerhaft befestigen möchte, gibt vor dem Aufstecken noch etwas Holzleim mit einem Pinsel auf die Unterkante.

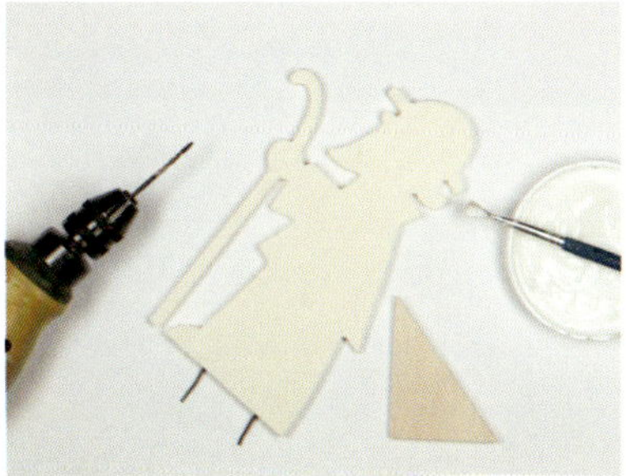

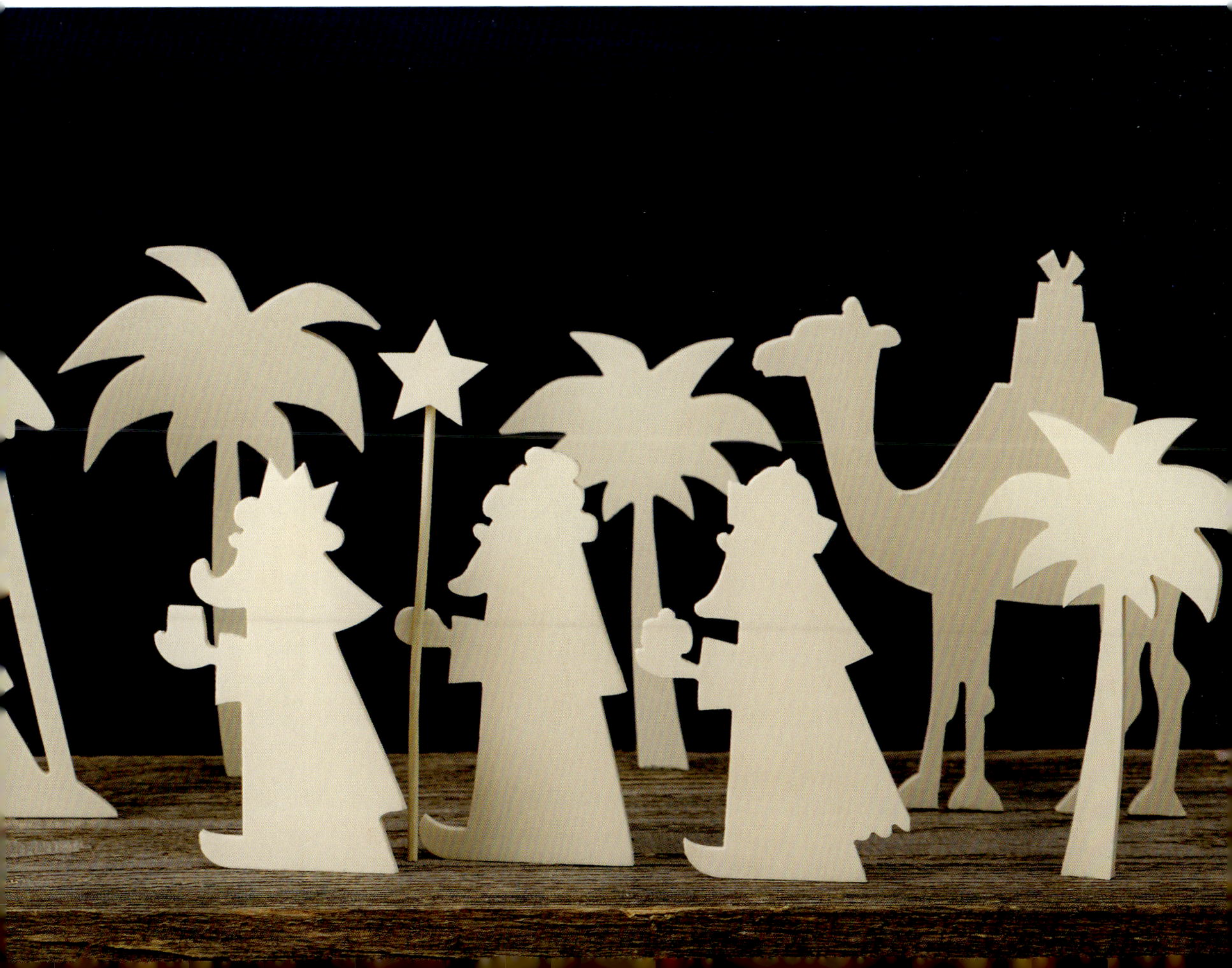

PRÄCHTIGER EISKRISTALL

aus drei hübschen Einzelformen

MOTIVHÖHE

ca. 30 cm

MATERIAL

- Sperrholz, 6 mm stark, 30 cm x 40 cm
- Sperrholzrest, 3 mm stark
- Holzhalbkugel, ø 1,5 cm
- Holzstab, ø 4 mm, 3 cm lang
- Bohrer, ø 4 mm

VORLAGEN

Seite 58/59

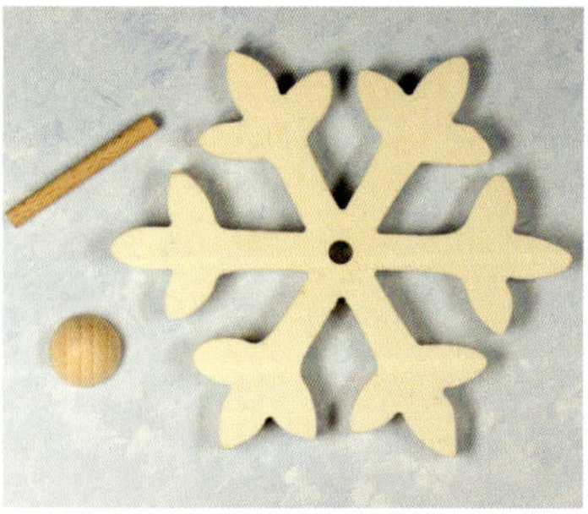

1 Die Motivteile wie in der Grundanleitung auf Seite 6 beschrieben mit der Laub- oder Dekupiersäge aussägen. Die Kanten mit feinem Schleifpapier glätten. Um die feinen Zwischenräume zu entgraten, das Schleifpapier aufrollen, in schmale Streifen schneiden oder – gut geeignet für Rundungen – etwas Schleifpapier um einen Stift wickeln.

2 Zwischen die Sterne werden kleine Kreise als Abstandshalter gelegt. Dafür 1,5 cm große Kreise auf dem dünnen Sperrholz anzeichnen und aussägen. In die Mitte 4 mm große Löcher bohren.

3 Die Motive vom größten Eiskristall ausgehend mit kleinen Abständen auf den Holzstab kleben: Zuerst den Stab im großen Eiskristall festkleben. Dann eine Holzscheibe, den mittleren Stern und eine weitere Holzscheibe aufstecken. Danach etwas Klebstoff auf den Holzstab geben und den kleinen Stern aufkleben.

4 In die Mitte des kleinen Sterns die Holzhalbkugel kleben.

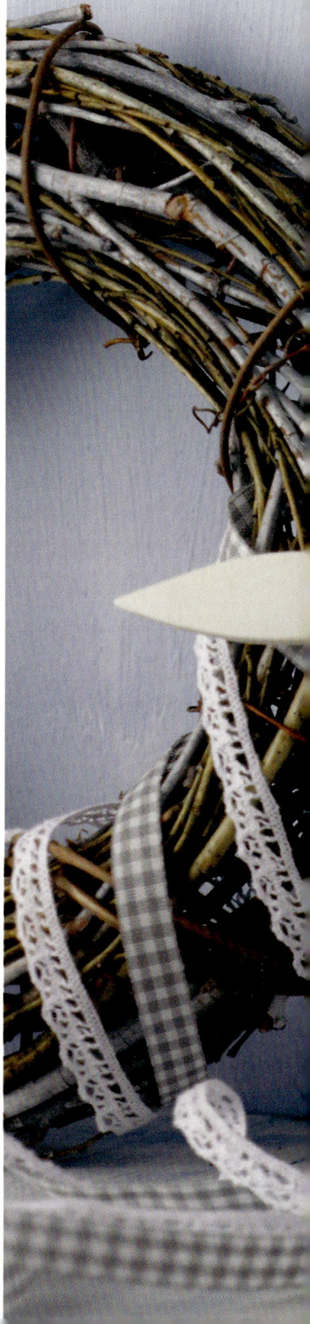

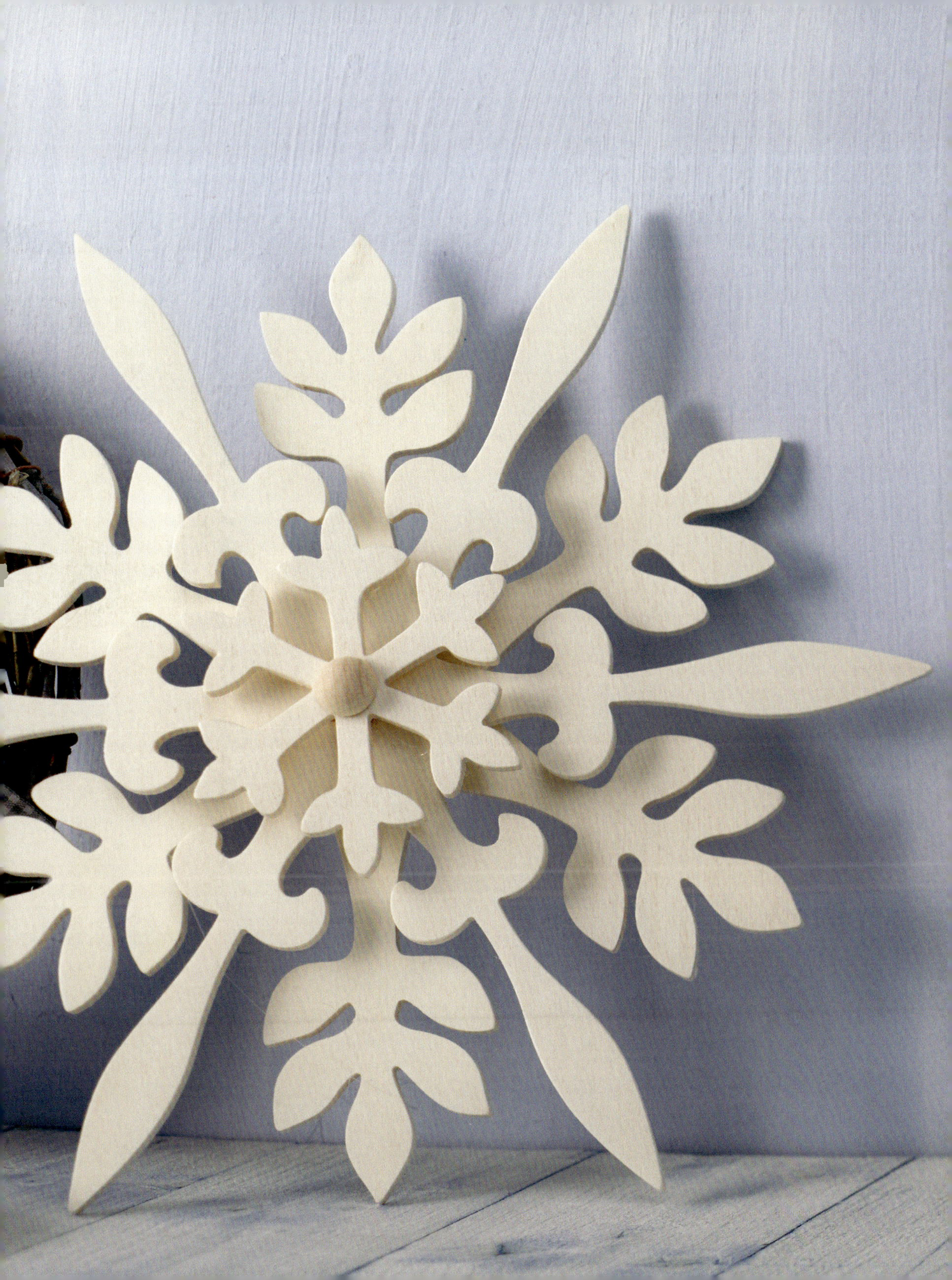

VORLAGEN

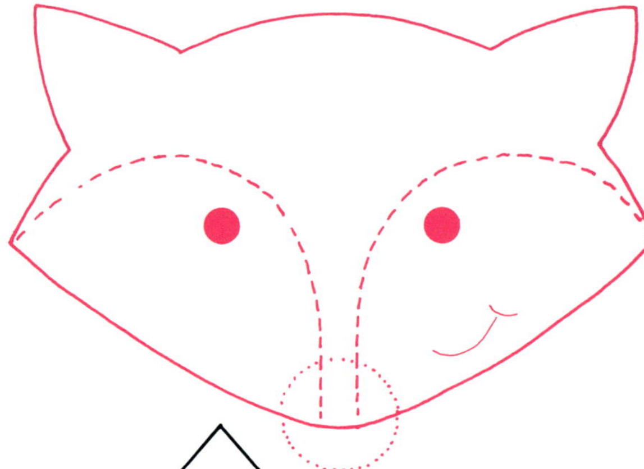

Stecktiere
Seite 38/39

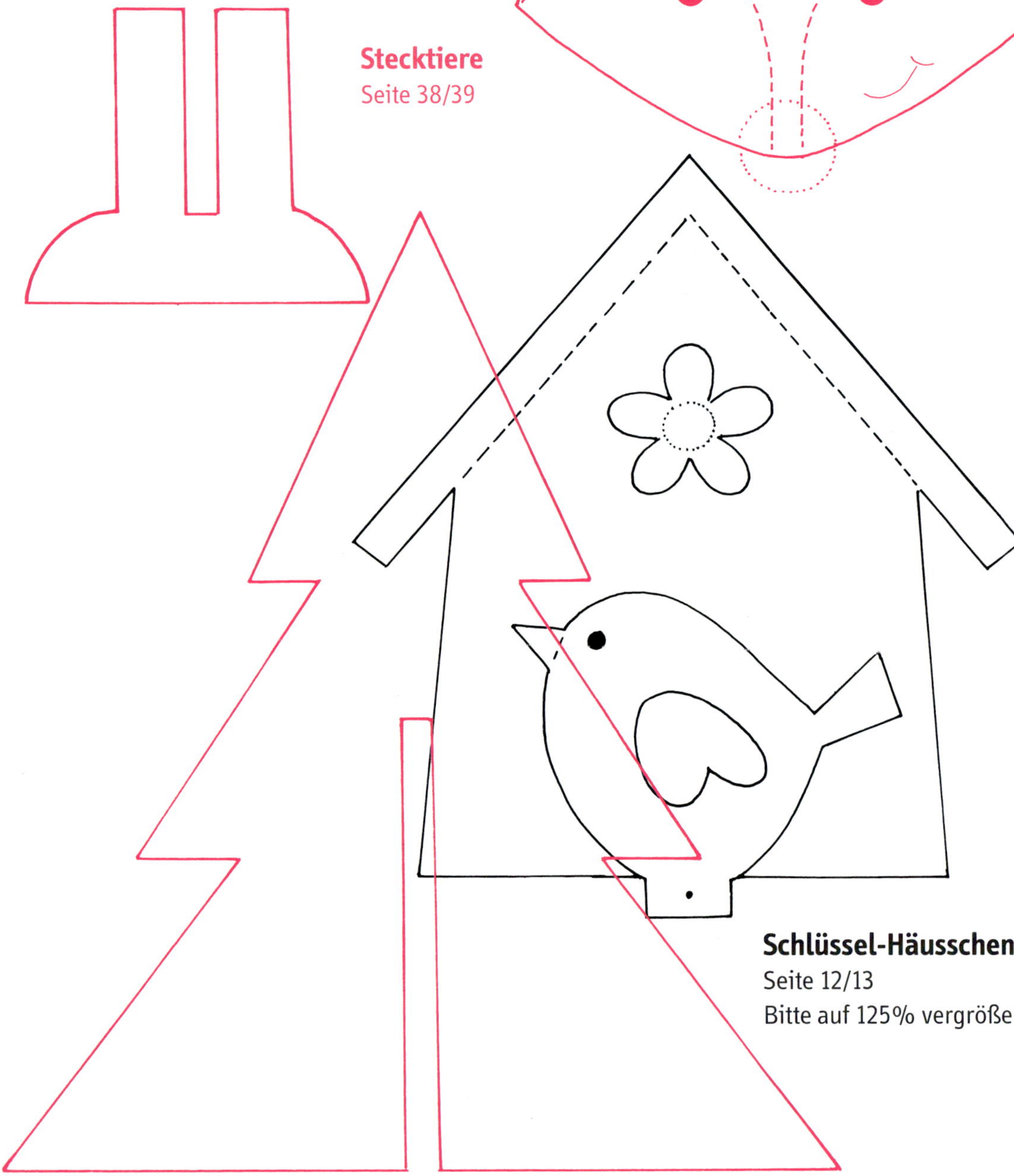

Schlüssel-Häusschen
Seite 12/13
Bitte auf 125% vergrößern

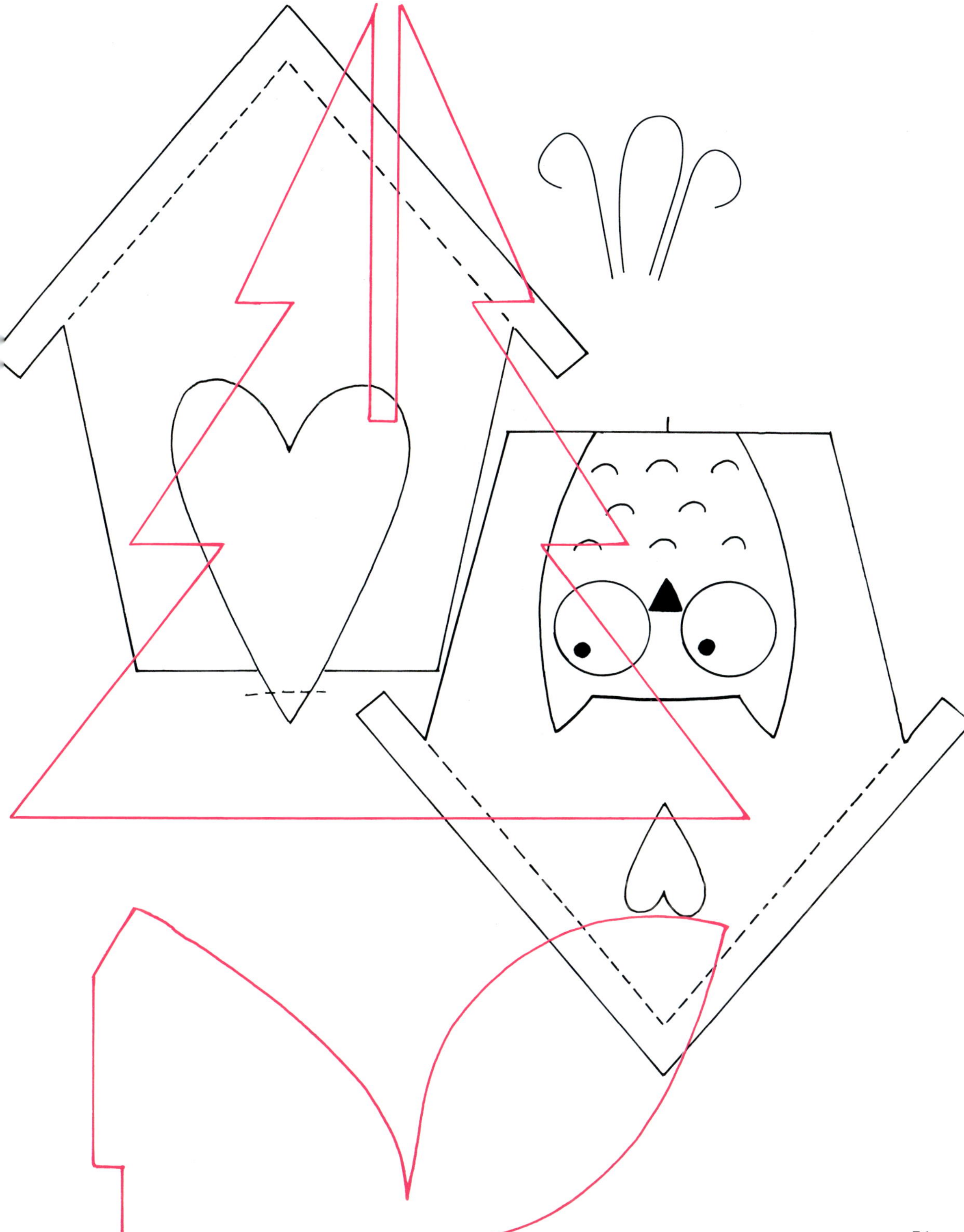

Osterdekoration
Seite 16/17

Windspiel mit Federn
Seite 14/15

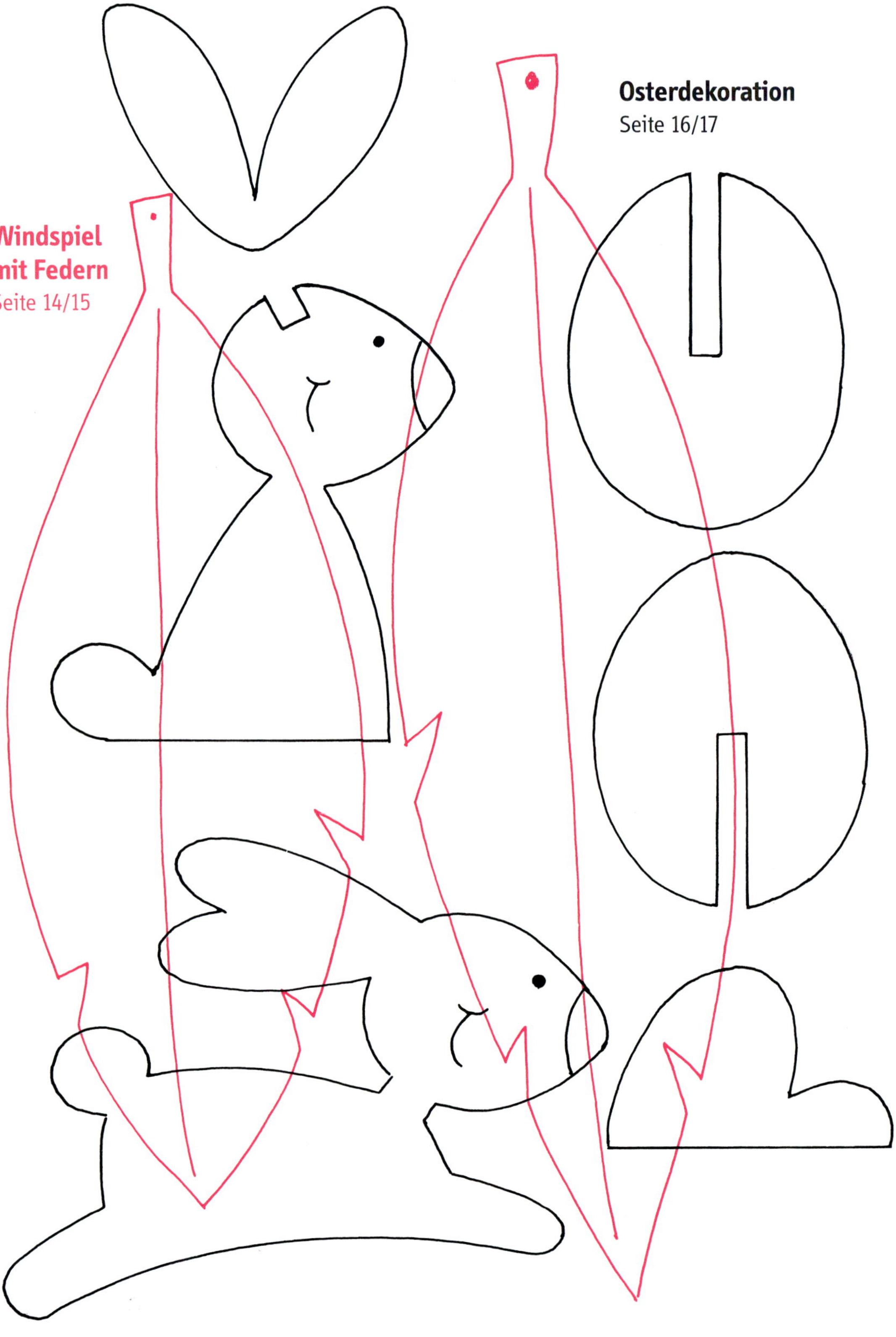

Elegante Wanduhr

Seite 30/31

Bitte auf 200 % vergrößern

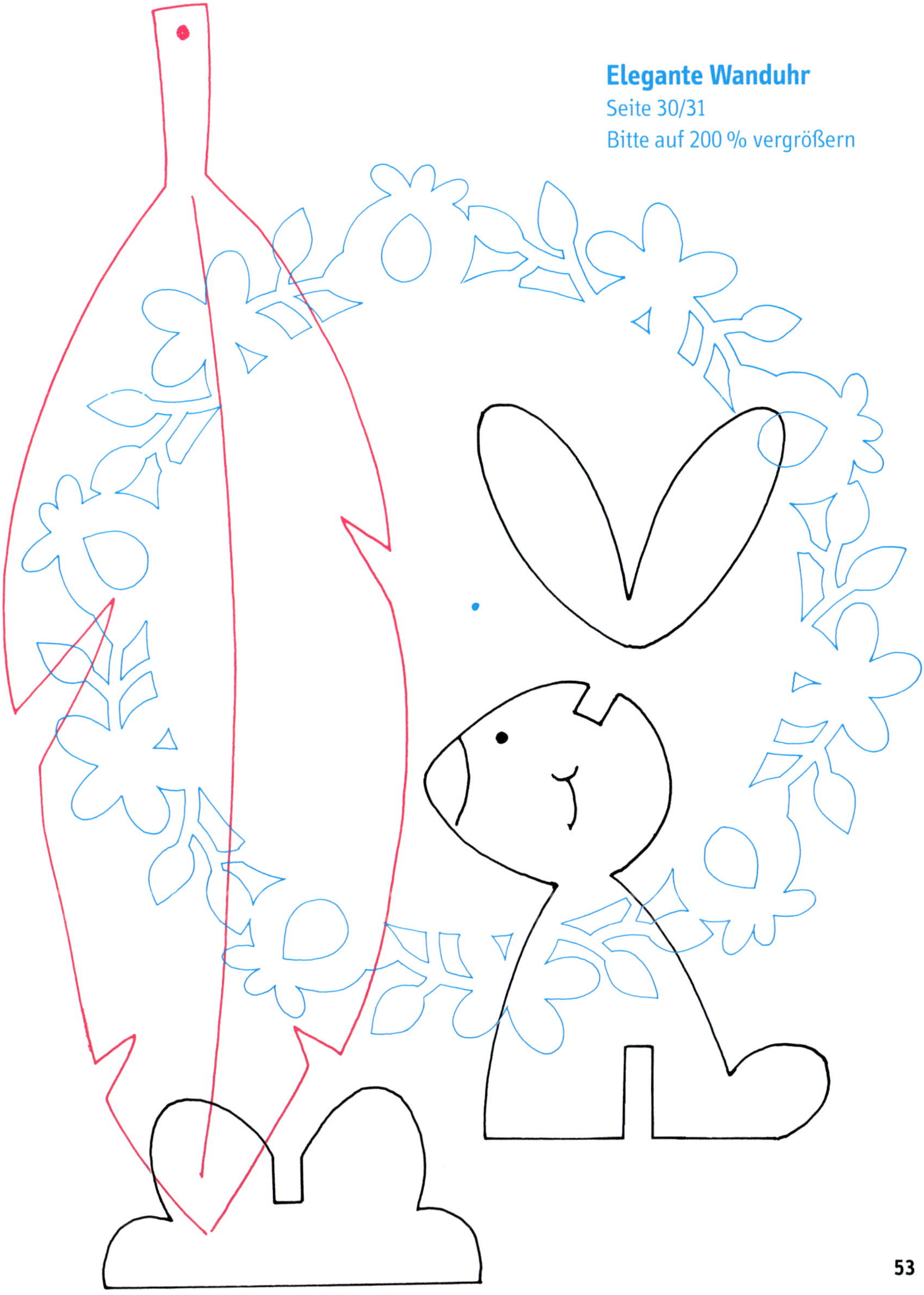

Hübsche Wandtafel

Seite 32/33
Bitte auf 250 % vergrößern

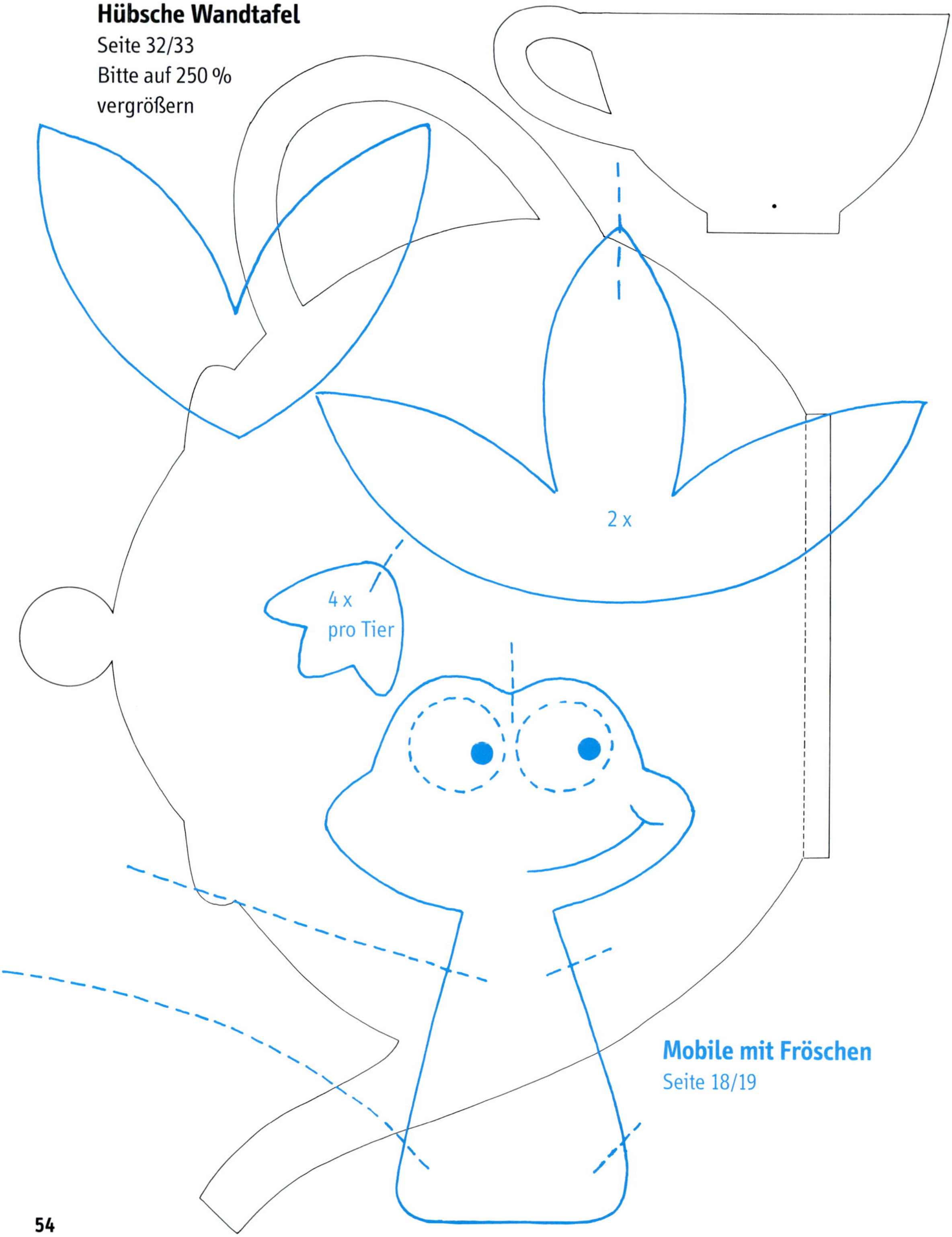

Mobile mit Fröschen

Seite 18/19

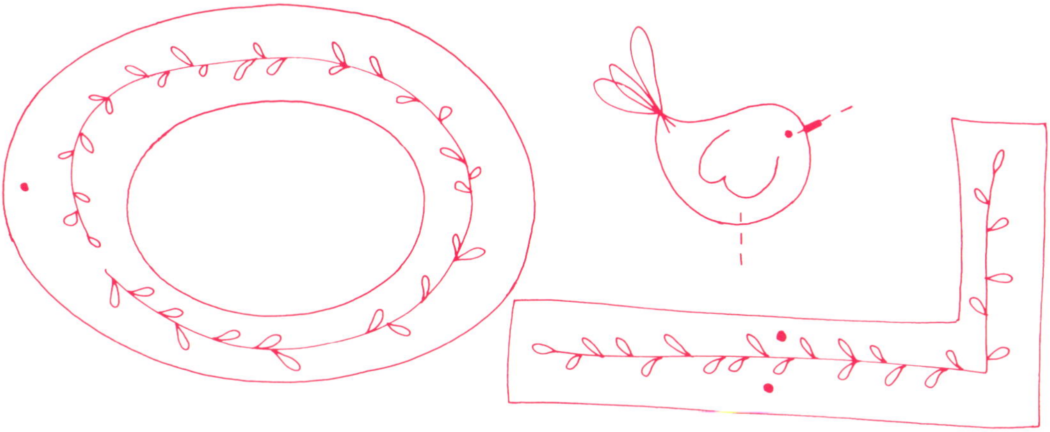

Willkommensschild

Seite 20/21

Bitte auf 185 % vergrößern

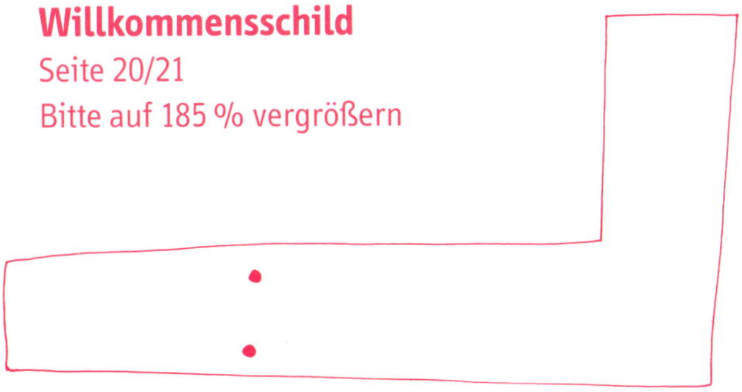

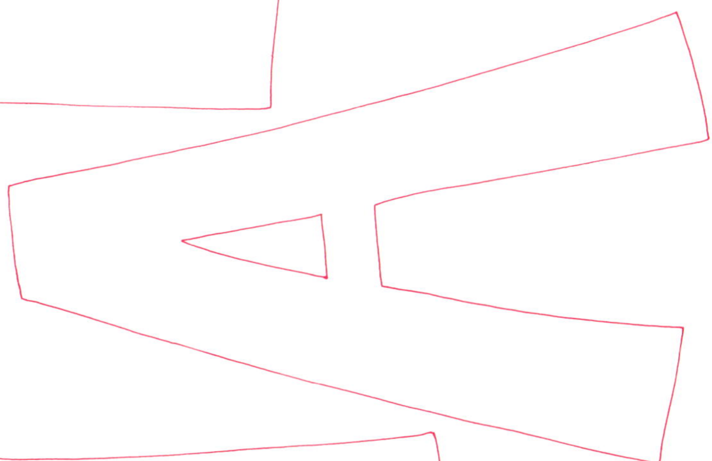

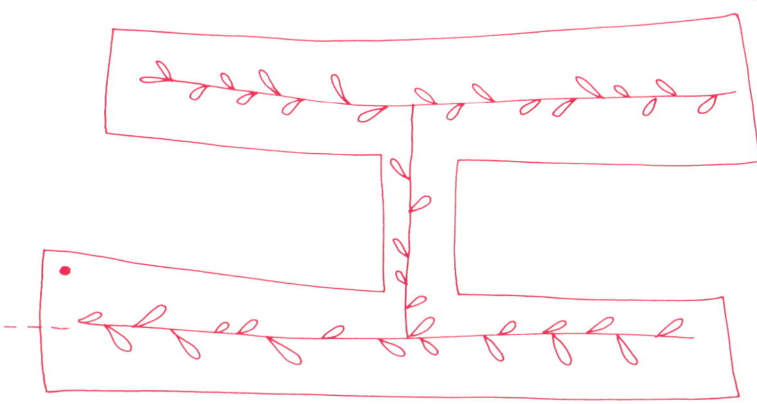

Badezimmer-Accessoires

Seite 22/23

Bitte auf 125 % vergrößern

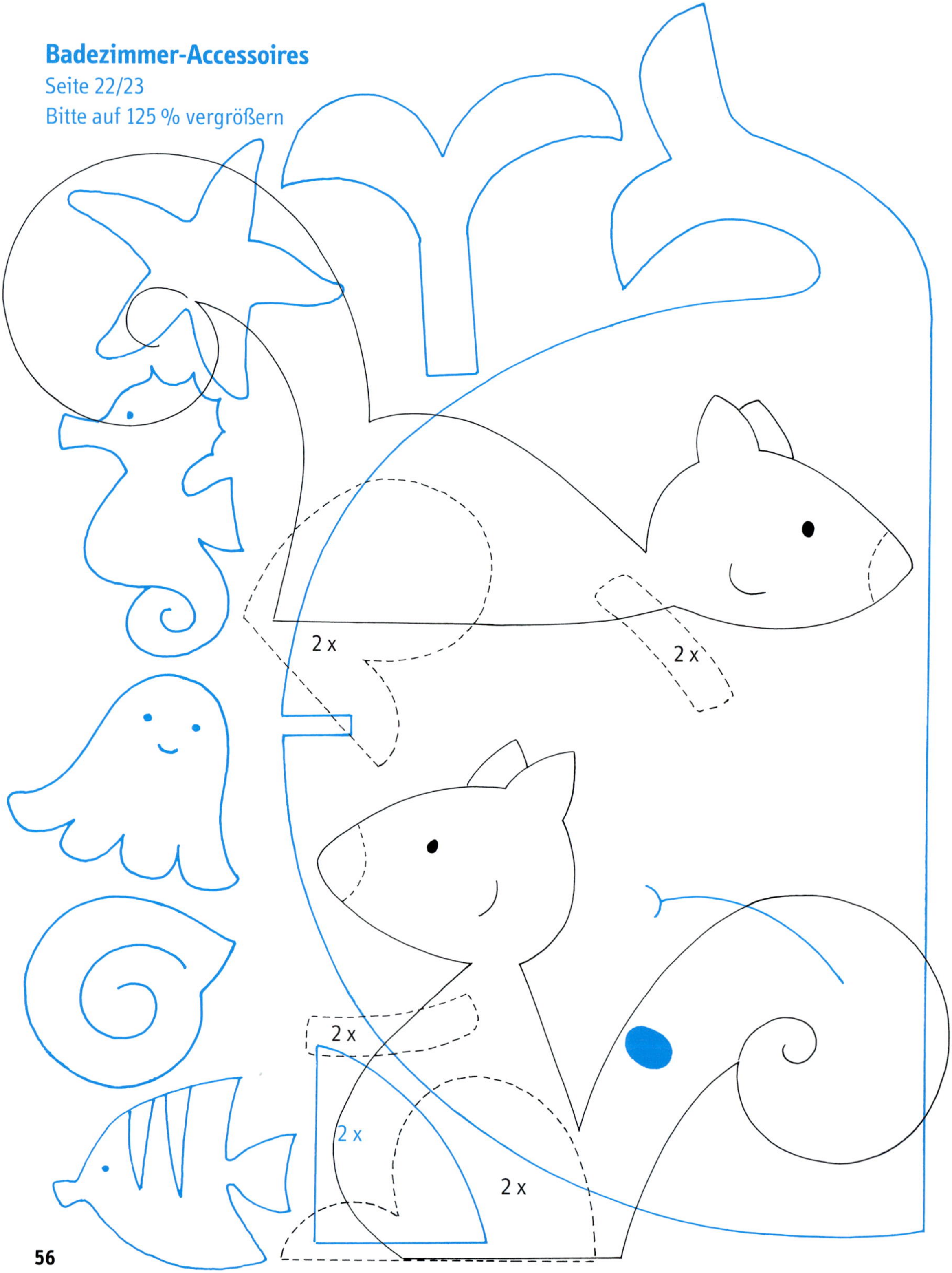

Origineller Schmuckhalter

Seite 26/27

Bitte auf 175 % vergrößern

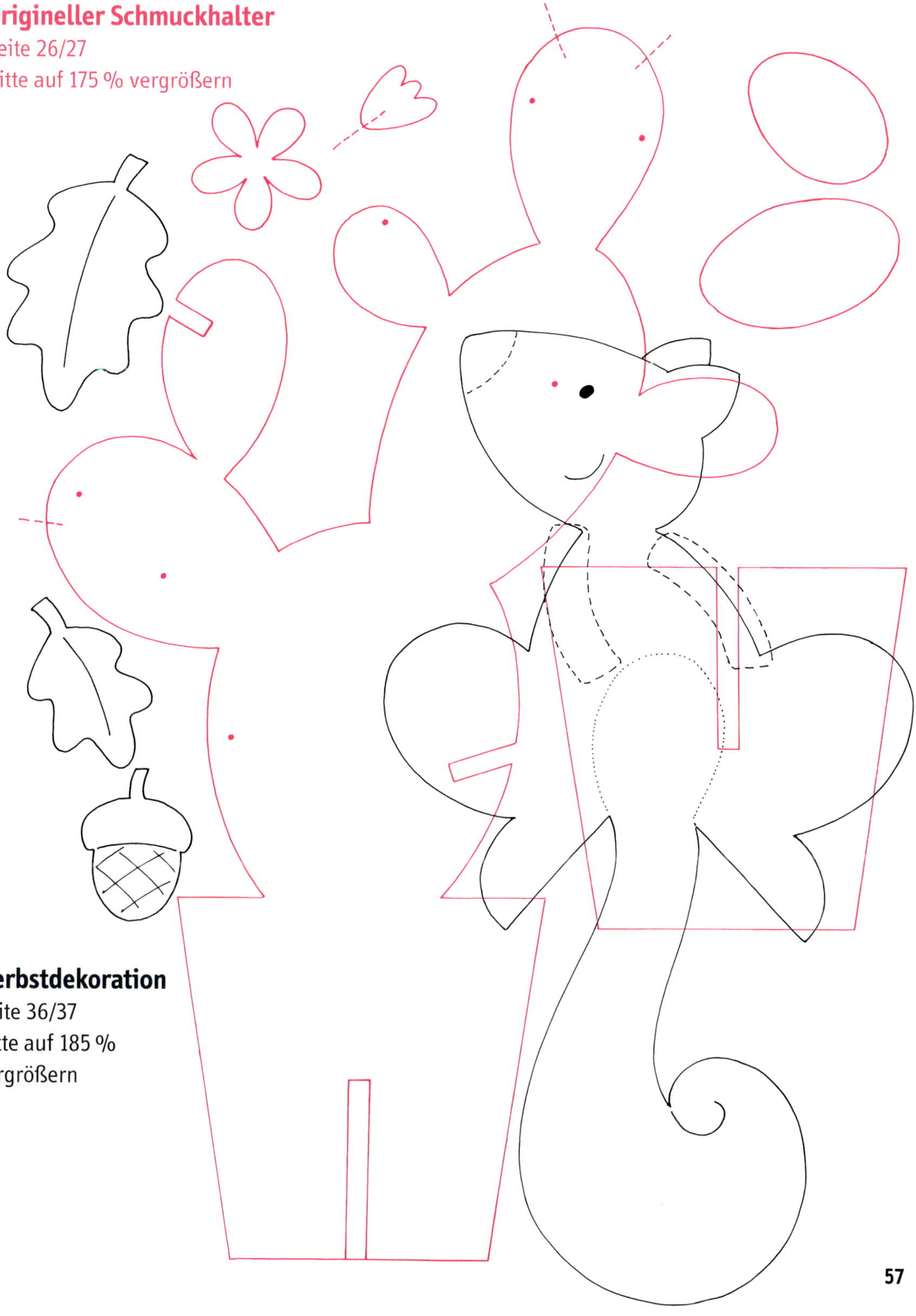

Herbstdekoration

Seite 36/37

Bitte auf 185 % vergrößern

Kunterbunte Garderobe

Seite 24/25

Bitte auf 200 % vergrößern

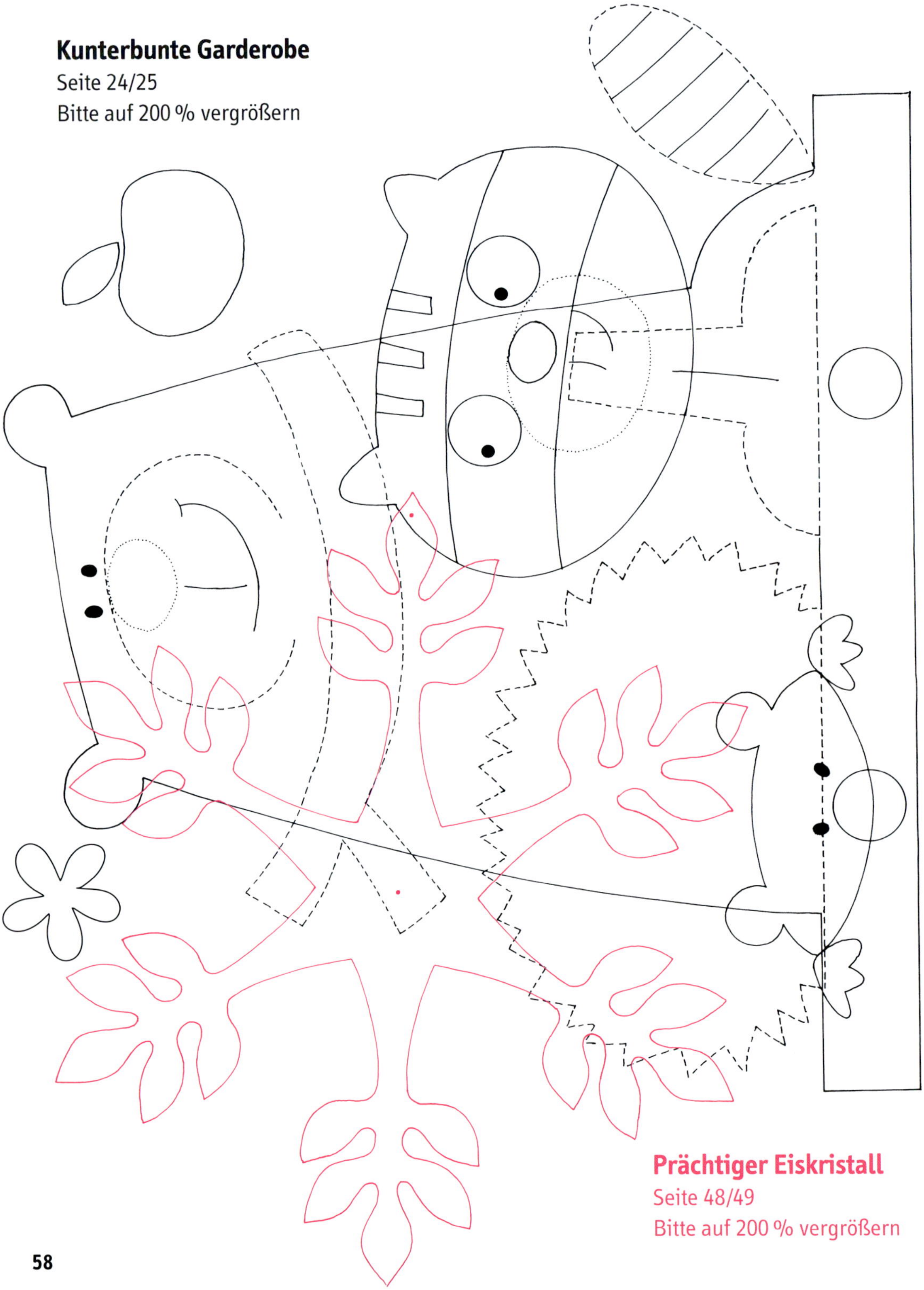

Prächtiger Eiskristall

Seite 48/49

Bitte auf 200 % vergrößern

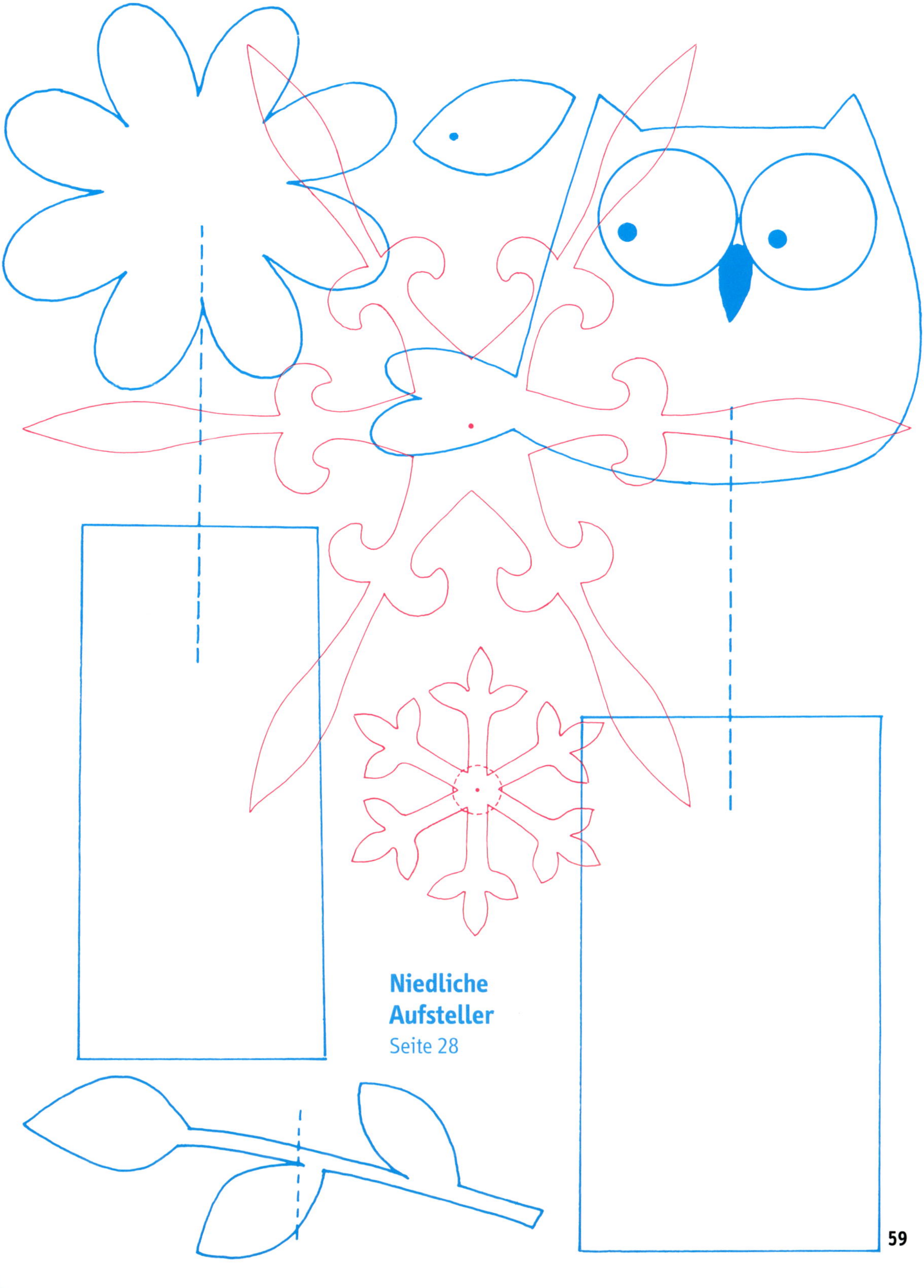

Niedliche Aufsteller

Seite 28

Weihnachtskrippe

Seite 46/47

Bitte auf 200 % vergrößern

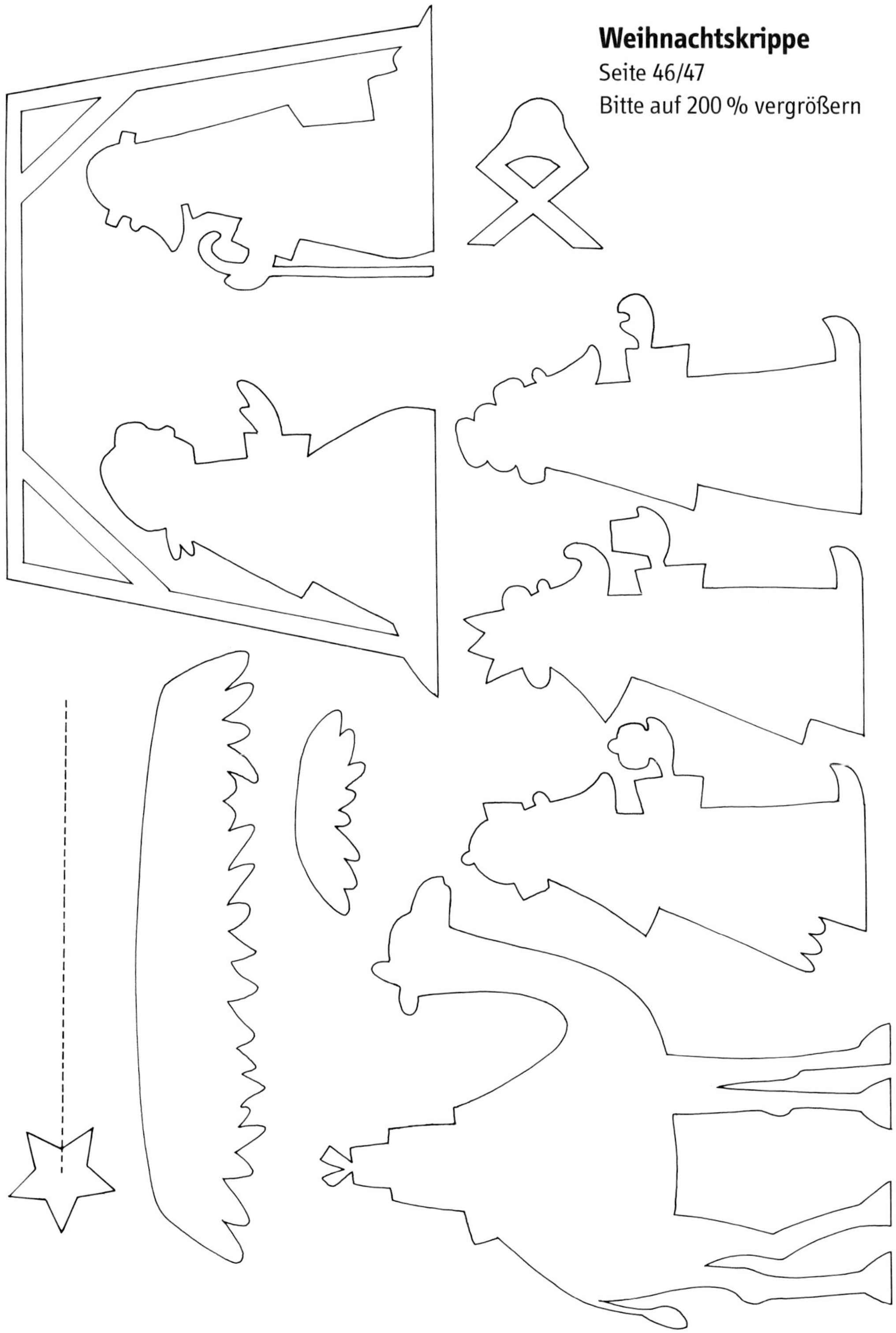

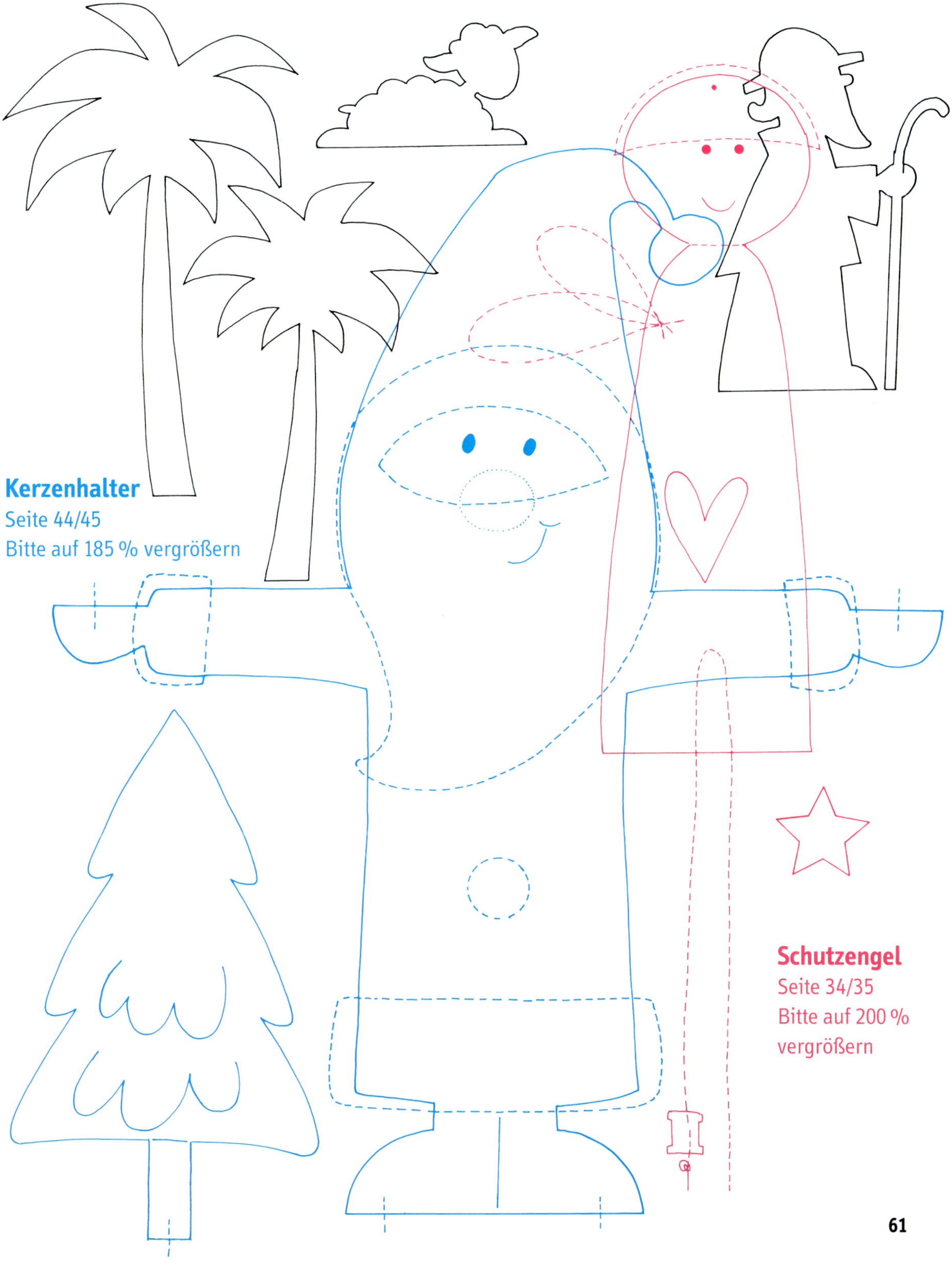

Kerzenhalter

Seite 44/45

Bitte auf 185 % vergrößern

Schutzengel

Seite 34/35

Bitte auf 200 % vergrößern

Waldszene im Rahmen

Seite 40/41

Bitte auf 160 % vergrößern

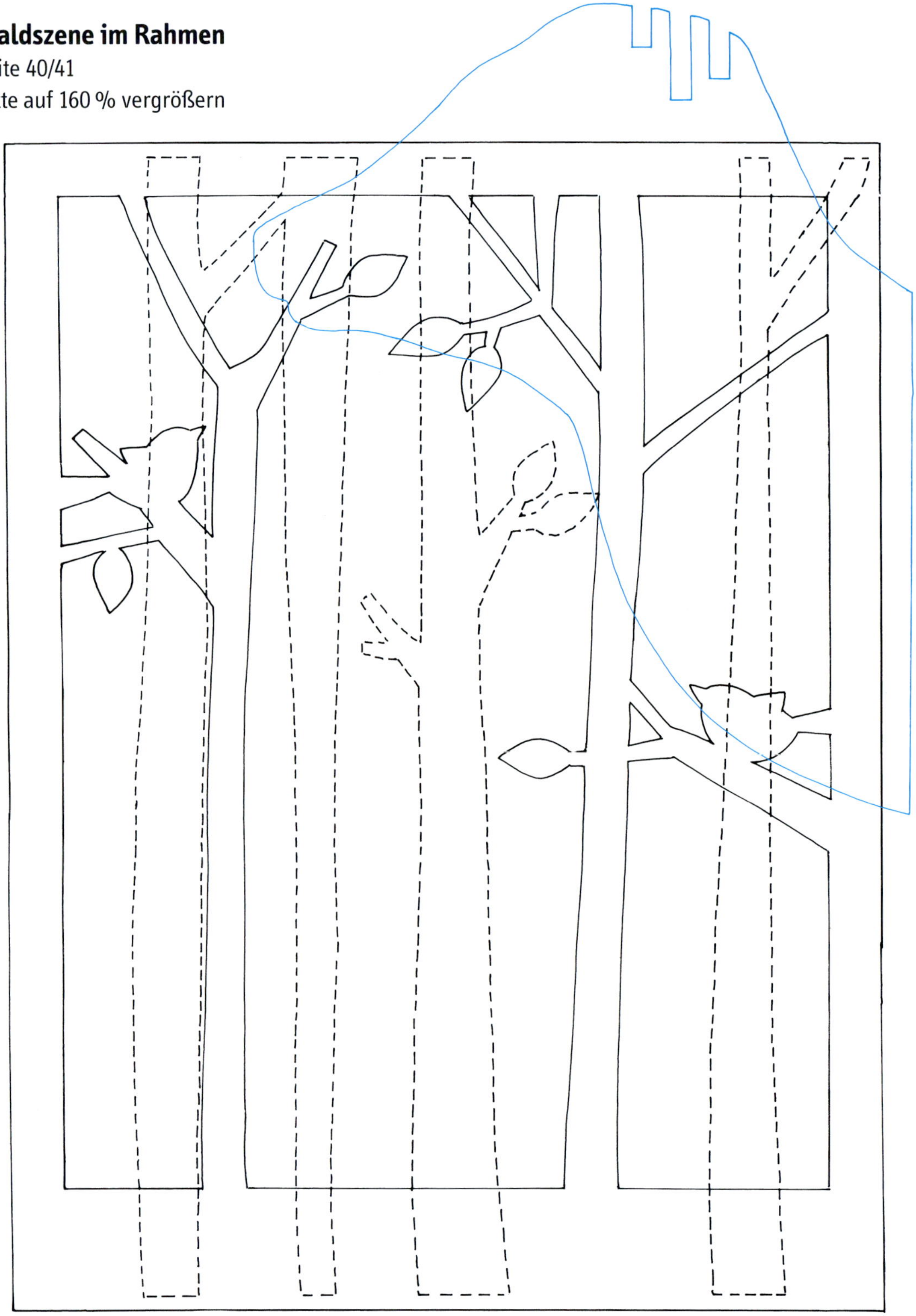

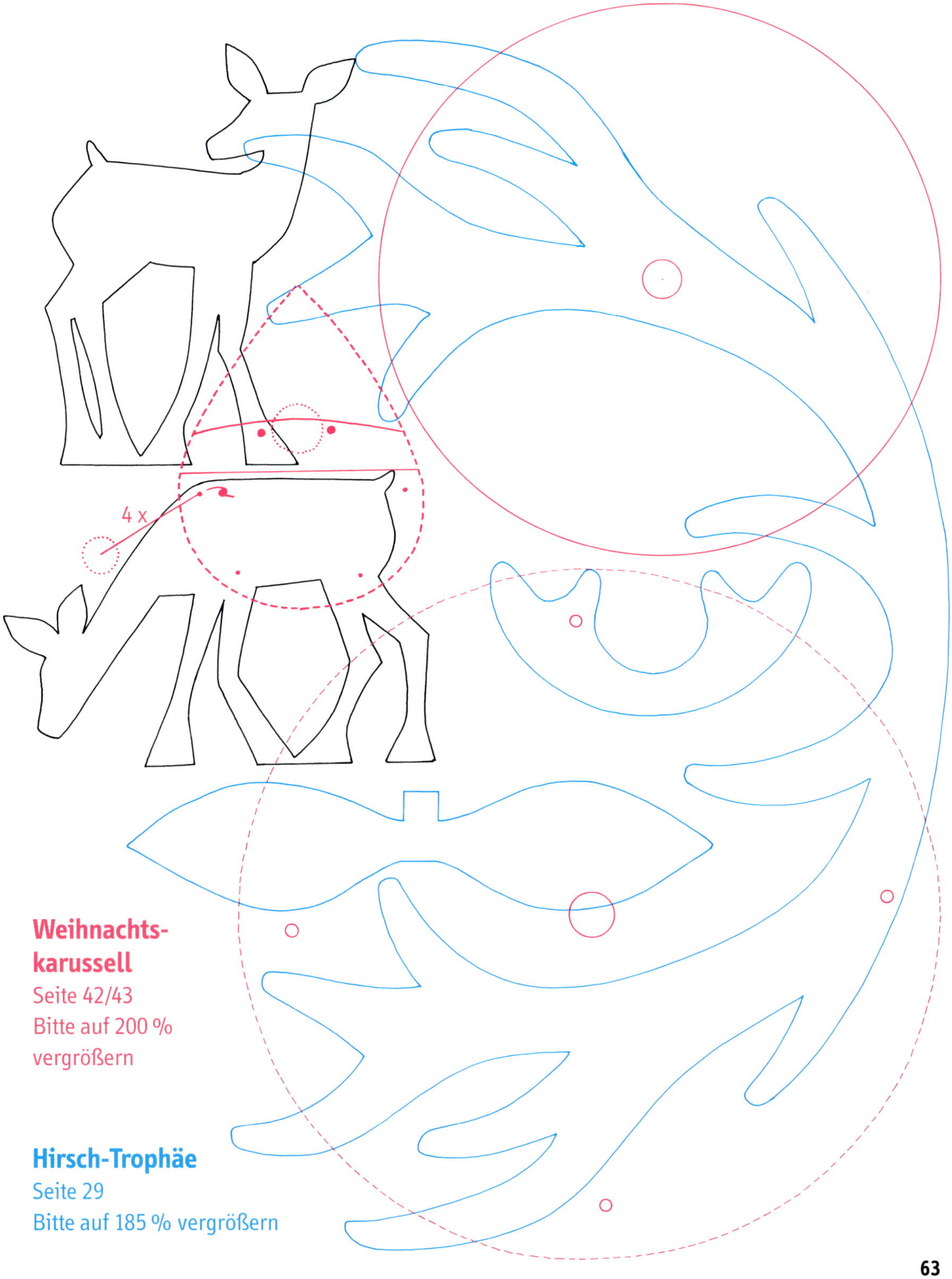

Weihnachts-karussell
Seite 42/43
Bitte auf 200 % vergrößern

Hirsch-Trophäe
Seite 29
Bitte auf 185 % vergrößern

DIE AUTORIN

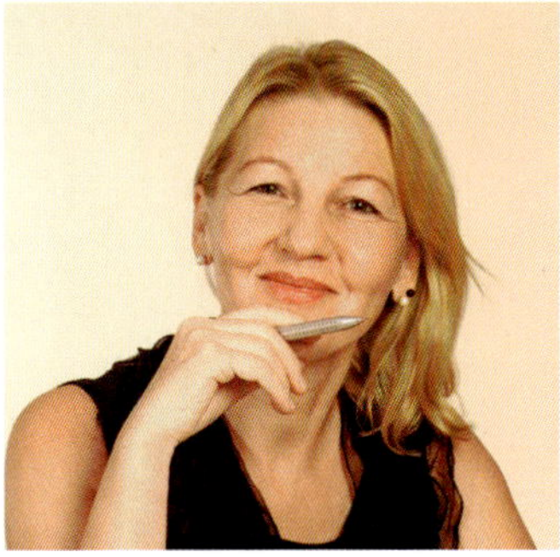

PIA PEDEVILLA

ladinischer Muttersprache, lebt in Bruneck (Südtirol). Sie studierte Kunst in Gröden und Werbegrafik in Urbino. Seit Jahren ist sie im Bereich der Illustration und des Designs für Kinder tätig, entwirft Holz- und Stoffspielzeug, didaktische Spiele für Kinder im Vorschulalter, Lichtobjekte und Teppiche. Viele Jahre hat sie an der Grundschule mit Kindern gebastelt und gemalt. Heute leitet sie Fortbildungskurse für Lehrer und interessierte Erwachsene. Im frechverlag hat sie mehrere Bücher über verschiedene Arbeitstechniken veröffentlicht.
Auf ihrer Internetseite können Sie einen Blick in ihre Bücher werfen und erhalten Basteltipps sowie das aktuelle Kursangebot: www.piapedevilla.com

WIR SIND FÜR SIE DA!
Bei Fragen zu unserem umfangreichen Programm oder Anregungen freuen wir uns über Ihren Anruf oder Ihre Post. Loben Sie uns, aber scheuen Sie sich auch nicht, Ihre Kritik mitzuteilen – sie hilft uns, ständig besser zu werden.

Das Produktmanagement erreichen Sie unter:
pm@frechverlag.de

oder: frechverlag
Produktmanagement
Turbinenstraße 7
70499 Stuttgart
Telefon 0711 / 123 757 20

DANKE! Herzlichen Dank an Holzwerker Kassian Pezzedi aus Corvara im Gardertal für seine Unterstützung bei der Umsetzung der Motive.

IMPRESSUM

FOTOS: frechverlag GmbH, 70499 Stuttgart; Pia Pedevilla (Arbeitsschrittfotos); lichtpunkt, Michael Ruder, Stuttgart (alle anderen Fotos)

PRODUKTMANAGEMENT UND LEKTORAT: Monique Rahner

KORREKTORAT: Redaktionsbüro Uta Koßmagk, Wiesbaden

UMSCHLAGDESIGN UND INNENLAYOUT: independent Medien-Design Horst Moser, München

SATZ: Nakischa Scheibe

DRUCK: GPS Group GmbH, Österreich

5. Auflage 2022

ISBN 978-3-7724-8189-5 • Best.-Nr. 8189